Erfolgreiches Krisenmanagement in Unternehmen

Michael Zell

Erfolgreiches Krisenmanagement in Unternehmen

Nachhaltige Krisenbewältigung und Steigerung der Resilienz durch Innovationen

 Springer Gabler

Michael Zell
Hochschule für Technik und Wirtschaft des
Saarlandes
Saarbrücken, Deutschland

ISBN 978-3-658-43207-2   ISBN 978-3-658-43208-9   (eBook)
https://doi.org/10.1007/978-3-658-43208-9

Die Deutsche Nationalbibliothek verzeichnet diese Publikation in der Deutschen Nationalbibliografie;
detaillierte bibliografische Daten sind im Internet über http://dnb.d-nb.de abrufbar.

Planung/Lektorat: Stefanie Winter
Springer Gabler ist ein Imprint der eingetragenen Gesellschaft Springer Fachmedien Wiesbaden GmbH
und ist ein Teil von Springer Nature.
Die Anschrift der Gesellschaft ist: Abraham-Lincoln-Str. 46, 65189 Wiesbaden, Germany

Das Papier dieses Produkts ist recyclebar.

Inhaltsverzeichnis

1

Einleitung: Aktuelle Relevanz des Krisenmanagements im Unternehmen

Das Wort „**Krise**" ist ein Begriff, der derzeit sehr häufig und auch in unterschiedlichem Kontext verwendet wird. Wir sehen uns aktuell einer Vielzahl krisenhafter Entwicklungen ausgesetzt, die die Gesellschaft, die Unternehmen sowie auch die einzelnen Individuen mehr oder weniger intensiv betreffen. So reicht das Krisenspektrum von politischen, umweltbezogenen oder gesellschaftlichen Krisen über wirtschaftliche und unternehmensbezogene Krisen bis hin zu individuellen bzw. persönlichen Krisensituationen.

In diesem Buch erfolgt eine schwerpunktmäßige Betrachtung von **Unternehmenskrisen.** Krisen werden aus der Perspektive betroffener Unternehmen analysiert, auch wenn natürlich Wechselwirkungen zu anderen Betrachtungssichten bestehen. So können einerseits politische oder umweltbezogene Krisen zu einer Krisenentwicklung bei den Unternehmen führen; andererseits kann sich auch eine unternehmensbezogene Krise auf individuelle Schicksale, z. B. die Situation der Mitarbeiter, in hohem Maße auswirken.

Aus Unternehmenssicht wurde die Krisenthematik in der Vergangenheit häufig als ein **unternehmensindividuelles Problem** dargestellt. Unternehmen gerieten aus unterschiedlichen, fremd oder selbst

M. Zell, *Erfolgreiches Krisenmanagement in Unternehmen,* https://doi.org/10.1007/978-3-658-43208-9_1

verschuldeten Ursachen in Krisensituationen und sahen sich heraus-gefordert, diese durch geeignete Maßnahmen zu bewältigen. Aktuell liegt der Fokus in der öffentlichen Wahrnehmung stärker auf dem Phänomen **globaler Krisen**. Ereignisse wie Pandemien, Naturkatastrophen und politische sowie kriegerische Konflikte betreffen weite Teile der Gesellschaft und damit auch eine Vielzahl von Unternehmen; ebenso führen globale Entwicklungen wie Digitalisierung, Technologiewandel und Nachhaltigkeit zu veränderten Anforderungen an Unternehmen, denen sie gerecht werden müssen, um zukünftige Krisen zu vermeiden.

In vielen Unternehmen ist das **Krisenmanagement** dadurch gekennzeichnet, dass Krisen erst im fortgeschrittenen Stadium als solche wahrgenommen werden und in erster Linie reaktiv versucht wird, die Krise durch entsprechende Restrukturierungs- und Sanierungsmaßnahmen zu bewältigen. Häufig ist dies mit gravierenden Kosteneinsparmaßnahmen und Personalabbauprogrammen verbunden. Diese eher defensiv ausgerichteten Ansätze können je nach Krisenursachen durchaus ihre Berechtigung haben und zumindest kurzfristig zu einer Rettung des Unternehmens beitragen. Sie führen aber meist nicht zu einer **nachhaltigen Krisenbewältigung,** da sie in der Regel an der Wiederherstellung des Status Quo orientiert sind und keine Neuausrichtung des Unternehmens im Hinblick auf die aktuellen Umwelt- und Wettbewerbsveränderungen unterstützen. Viele Unternehmen haben mittlerweile erkannt, dass es wichtig ist, potenzielle Krisenherde rechtzeitig zu erkennen und innovative Lösungen zur Bewältigung vorliegender Krisen sowie zur Vermeidung zukünftiger Krisensituationen zu entwickeln.

Zusammengefasst lässt sich die aktuelle Situation in Bezug auf Unternehmenskrisen und Krisenmanagement durch die folgenden **Kernaussagen** charakterisieren:

- **Krisenursachen werden vielfältiger:** Neben den unternehmensindividuellen Krisenursachen nehmen global wirksame Krisenherde an Bedeutung zu. Dazu gehören sowohl externe Störfaktoren, wie z. B. Pandemien, aber auch längerfristige technologische und gesellschaftliche Veränderungen, die neben den damit verbundenen Chancen auch mit Risiken und potenziellen Krisenentwicklungen bei den Unternehmen verbunden sind.

- **Krisenprävention und Resilienz gewinnen an Bedeutung:** Viele Krisenursachen und Entwicklungen sind absehbar und können durch rechtzeitige Reaktion verhindert oder begrenzt werden. Darüber hinaus zeigt die Erfahrung, dass man sich auch auf scheinbar unvorhersehbare Dinge (z. B. Naturkatastrophen) vorbereiten und eine Widerstandskraft (Resilienz) gegenüber möglichen Störungen und Disruptionen entwickeln muss.
- **Neue Konzepte zum Krisenmanagement sind nötig:** „Klassische" Restrukturierungsansätze unterstützen keine Neuausrichtung, die angesichts der aktuellen Veränderungen im Umfeld von Unternehmen und Gesellschaft erforderlich ist. Hier sind innovative Lösungsansätze und neue Geschäftsmodelle gefragt.
- **Die Einbindung von Mitarbeitern und anderen Stakeholdern in den Krisenmanagementprozess ist wichtig:** Erforderliche Restrukturierungen bei eingetretenen Krisenfällen, aber auch innovative Lösungen zur Krisenprävention und zur Verbesserung der Resilienz erfordern die Unterstützung durch die Mitarbeiter und andere wichtige Stakeholder, wie Kapitalgeber und Geschäftspartner.

Ausgehend von diesen Kernaussagen, umfasst das vorliegende Buch die folgenden **inhaltlichen Schwerpunkte:**

Zu Beginn erfolgt eine Bestandsaufnahme zur aktuellen Situation von Unternehmenskrisen. Nach einer Abgrenzung der Begriffe **Krise** und **Krisenmanagement** wird eine Einordnung und Beschreibung wesentlicher **Krisenursachen** vor dem Hintergrund der aktuellen Umwelt- und Wettbewerbsentwicklungen vorgenommen.

Zur Beurteilung des Krisenfortschritts und des sich verändernden Ausmaßes der Bedrohung der Unternehmen werden die **Krisenverläufe** mithilfe von Phasenmodellen beschrieben und die Krisenphasen anhand von Entwicklungsmerkmalen charakterisiert. Die **Krisenauswirkungen,** die sich aus dem fortschreitenden Verlauf ergeben, betreffen im Regelfall nicht nur das Unternehmen selbst, sondern auch die mit dem Unternehmen verbundenen Mitarbeiter und sonstigen Interessengruppen.

Die Möglichkeiten zur Krisenbewältigung sind abhängig von einer frühzeitigen **Krisenerkennung** und einer aussagefähigen **Krisenanalyse**

in Bezug auf Krisenursachen und Krisenfortschritt. Eine Früherkennung wird insbesondere durch das unternehmensinterne Risikomanagement unterstützt. Darüber hinaus werden auch die Nutzungs-
möglichkeiten der internen Reporting-, Planungs- und Steuerungs-
systeme für eine Krisenerkennung und -analyse dargestellt und
bewertet.

Liegt eine Krisensituation vor, sind Maßnahmen zur **Krisenbewältigung** erforderlich, die sich in Abhängigkeit vom Krisenfortschritt in strategische, ergebnisorientierte und liquiditätsorientierte
Maßnahmen einteilen lassen und bezüglich ihrer Wirkung und ihren
Erfolgsaussichten unterschiedlich bewertet werden können. Auch
in fortgeschrittenen Krisenphasen bis hin zur Insolvenz liegen noch
unterschiedliche **Sanierungsoptionen** vor. Ergänzend werden die Auswirkungen der Krisenbewältigungsmaßnahmen auf Mitarbeiter und
andere Stakeholder sowie deren Einflussmöglichkeiten auf die Krisenbewältigung dargestellt.

Aufwendige Restrukturierungsprozesse mit hohem Risiko des Scheiterns führen zu der Erkenntnis, dass es sinnvoll ist, der Entstehung von
Krisen vorzubeugen und Vorkehrungen zu treffen, die das Aufkommen
einer Krisensituation verhindern oder zumindest die Risikofolgen ab-
mildern. Eine **Krisenprävention** wird insbesondere durch Maßnahmen der Risikofrüherkennung und Risikosteuerung unterstützt. Im
Falle gravierender externer Störungen, wie z. B. Cyber-Angriffe, soll
eine existenzbedrohende Krise verhindert und die Geschäftstätigkeit
aufrechterhalten werden **(Business Continuity Management)**. Eine
Krisenresilienz wird erreicht, wenn das Unternehmen in allen Bereichen so aufgestellt wird, dass es eine hohe Widerstandskraft gegenüber zukünftigen Kriseneinflüssen besitzt.

Ein wichtiges, häufig nicht genutztes Potenzial zur Krisenbewältigung
und vor allem zur Krisenprävention liegt in der Nutzung von **Innovationen im Krisenmanagementprozess**. Unterschiedliche Formen von
Produkt-, Prozess- und Geschäftsmodellinnovationen können in Abhängigkeit der vorliegenden Krisenphasen und Krisenursachen erfolgreich eingesetzt werden, wobei derzeit in den Unternehmen unterschiedliche Innovationsschwerpunkte vorliegen. Der Innovationsprozess
im Rahmen des Krisenmanagements kann durch die Stakeholder des

Unternehmens, insbesondere auch durch die eigenen Mitarbeiter, gefördert und unterstützt werden.

Das Buch wird durch ein kurzes **Fazit** abgeschlossen. Die einzelnen Kapitel des Buchs werden durch einleitende **Fragestellungen** ergänzt, die jeweils innerhalb des Kapitels beantwortet werden. Zusätzlich werden zur Konkretisierung der dargestellten Inhalte ausgewählte **Praxisbeispiele** von Unternehmen in unterschiedlichen Krisensituationen eingebunden.

2

Krise, Krisenmanagement und Krisenursachen

Fragen, die dieses Kapitel beantwortet

Wodurch ist eine Unternehmenskrise gekennzeichnet?
Welche Komponenten und Zusammenhänge umfasst das Krisenmanagement?
Wie lassen sich die aktuell relevanten Krisenursachen systematisieren?
Welche konkreten Krisenursachen können auftreten?

Im Folgenden werden nach einer Abgrenzung des Krisenbegriffs zunächst die Komponenten und Zusammenhänge des Krisenmanagements dargestellt. Der Schwerpunkt des Kapitels liegt auf einer Systematisierung der aktuellen Krisenursachen nach unterschiedlichen Einordnungskriterien. Die verschiedenen Ursachenkategorien werden durch eine Übersicht der wesentlichen konkreten Krisenursachen innerhalb der Kategorien ergänzt.

© Der/die Autor(en), exklusiv lizenziert an Springer Fachmedien Wiesbaden GmbH, ein Teil von Springer Nature 2023
M. Zell, *Erfolgreiches Krisenmanagement in Unternehmen*,
https://doi.org/10.1007/978-3-658-43208-9_2

2.1 Krise und Krisenmanagement im Unternehmen

Zum **Begriff der Unternehmenskrise** findet sich eine Vielzahl von Definitionen. Ein guter Zugang zum Krisenbegriff ergibt sich, wenn einige wesentliche Eigenschaften und Merkmale einer Unternehmenskrise betrachtet werden (vgl. Krystek & Moldenhauer, 2007, S. 26f ; Rüsen, 2017, S. 42):

- **Bedrohung der Existenz:** Eine Unternehmenskrise führt zu einer ungewollten, intern oder extern bedingten Existenzbedrohung für das Unternehmen.
- **Gefährdung grundlegender Unternehmensziele:** Eine Unternehmenskrise zeichnet sich durch die Nichterfüllung zentraler Ziele ab; zu diesen Zielen gehören die Aufrechterhaltung der Zahlungsfähigkeit, die langfristige Erzielung einer Mindestrendite sowie die Sicherung der zukünftigen strategischen Erfolgspotenziale des Unternehmens.
- **Unsicherheit des Ausgangs der Gefährdung:** Unternehmenskrisen sind zeitlich begrenzte Prozesse von unbestimmter Dauer, die sowohl mit einer Vernichtung der Existenz des Unternehmens wie auch mit einer erfolgreichen Bewältigung der Krise enden können.
- **Begrenzte Möglichkeiten der Steuerung bzw. Bewältigung:** Der Krisenprozess kann durch Maßnahmen des Krisenmanagements beeinflusst werden, wobei die Möglichkeiten der Steuerung eingeschränkt sind und im fortgeschrittenen Verlauf der Krise abnehmen. Die Bewältigung der Krise stellt dabei hohe Anforderungen an die Qualität der Entscheidungen des Managements.

Der Umgang mit Krisensituationen wird als **Krisenmanagement** bezeichnet. Abb. 2.1 zeigt eine Übersicht der Komponenten und Zusammenhänge des Krisenmanagements.

Ausgangspunkt des Krisenmanagement-Prozesses ist eine Analyse, ob man sich bereits in einer Krise befindet oder eine Krisensituation droht. Dazu dient die **Krisenfrüherkennung** und die damit

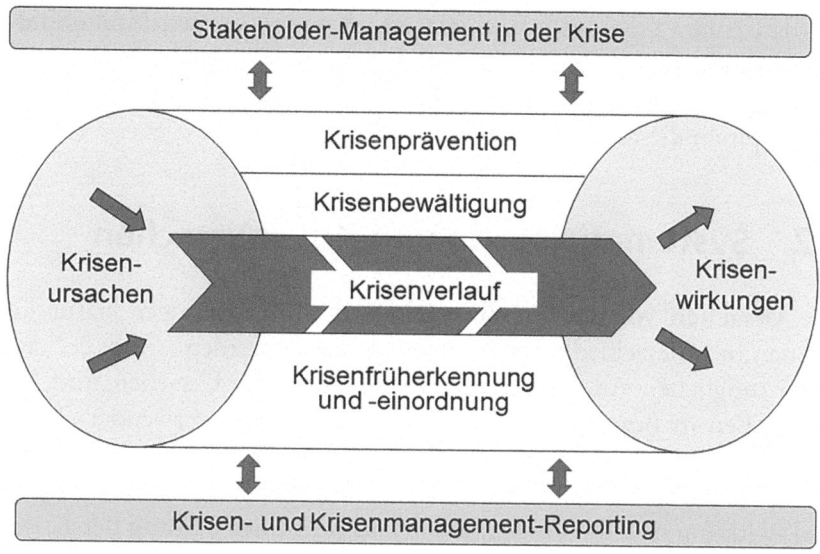

Abb. 2.1 Komponenten und Zusammenhänge des Krisenmanagements

zusammenhängende **Kriseneinordnung,** Analyse und Bewertung der Krisensituation, die auch die Bestimmung der **Krisenursachen** umfasst. Mit zunehmendem Krisenfortschritt bzw. **Krisenverlauf** treten unterschiedliche **Krisenwirkungen** auf, die das Unternehmen und die mit ihm verbundenen Interessengruppen betreffen. Der Krisenverlauf ist auch relevant für die Ableitung von unterschiedlichen Maßnahmen zur **Bewältigung der Unternehmenskrise.** Der reduzierte Spielraum für Krisenbewältigungsmaßnahmen bei zunehmendem Krisenfortschritt, aber auch die erforderliche Krisenvorbeugung bei externen Umfeldereignissen und -entwicklungen, führt darüber hinaus zu der Notwendigkeit von Maßnahmen zur **Krisenprävention.** Im Rahmen eines **Krisen- bzw. Krisenmanagement-Reporting** werden die erforderlichen Informationen und Maßnahmen zur Unterstützung des Krisenmanagement-Prozesses erfasst, dokumentiert und analysiert, sodass ein Krisen-Controlling ermöglicht wird. Ergänzend müssen auch die von der Krise betroffenen Interessengruppen, wie z. B. die Mitarbeiter, die Kapitalgeber und die Geschäftspartner, informiert und in den Krisenbewältigungsprozess mit eingebunden werden (**Stakeholder Management**). Die in   Abb. 2.1 aufgeführten Komponenten und Zusammenhänge des Krisenmanagements finden sich auch in den einzelnen Kapiteln dieses Buchs wieder.

2.2   Systematisierung von Krisenursachen

Die **Ursachen von Unternehmenskrisen** sind vielfältiger Natur und können in unterschiedlicher Form eingeordnet werden. Abb. 2.2 stellt einen möglichen Ansatz zur Systematisierung der Ursachen und Einflussgrößen in Bezug auf Krisen dar. Dieser Ansatz verwendet als Kriterien zur Einordnung von Krisenursachen den **Ursprung** und die **Beeinflussbarkeit** der Krisenursache, die **Reichweite** der Krisenursache und -wirkung und die **Vorhersehbarkeit und Entwicklung** der Krisenursache.

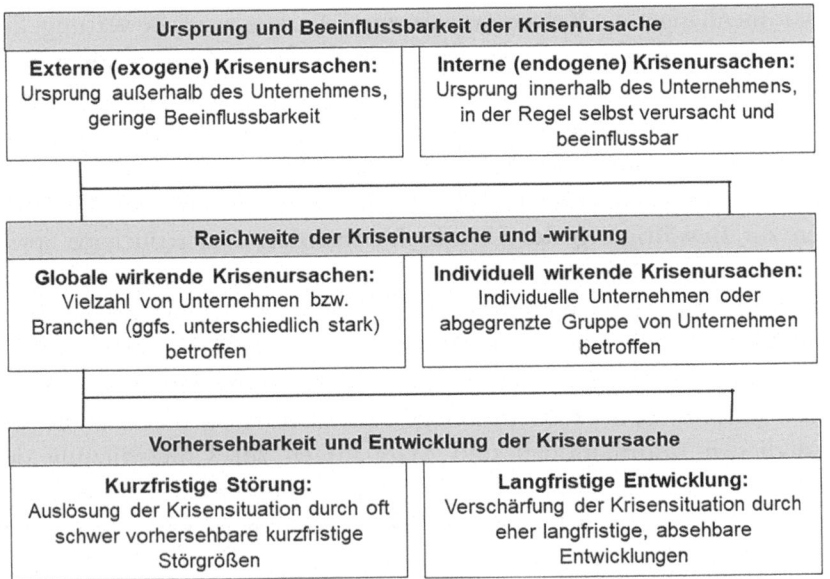

Abb. 2.2 Systematisierungsansätze für Krisenursachen

Ein besonderes Augenmerk liegt derzeit auf den Auswirkungen von **globalen Krisen mit externem Charakter,** die durch eher **kurzfristige, oft schwer vorhersehbare Störgrößen** ausgelöst werden. Bereits häufig haben in der Vergangenheit globale Krisenereignisse die Situation der Unternehmen beeinflusst und verändert. Wirtschaftskrisen wie die Ölkrise in den 1970er Jahren, die Dotcom-Blase um die Jahrtausendwende oder die Finanz- und Wirtschaftskrise von 2008/2009 haben die Unternehmenslandschaft nachhaltig beeinflusst (vgl. Forster et al., 2023, S. 16 ff.). Auch die im Jahr 2020 aufgekommene Corona-Pandemie hat die Wirtschaft und viele Unternehmen hart getroffen und unterschiedliche Kettenreaktionen ausgelöst. Aktuell ist festzustellen, dass nach der mittlerweile weitestgehend überstandenen Pandemie auch viele andere Störgrößen zu einer zunehmenden Gefährdung der Unternehmen führen. Das jährlich erscheinende Allianz-Risk Barometer vermittelt einen Überblick und eine Einordnung der wichtigsten aktuellen globalen Risikofaktoren aus Unternehmenssicht. Dazu zählen derzeit (vgl. Allianz Risk Barometer, 2023, S. 4):

- **Cyber-Angriffe,** Datenverluste und Verstöße gegen Datensicherheit und Datenschutz,
- **Kriegerische Auseinandersetzungen,** wie aktuell der Ukraine-Krieg, sowie weitere **politische Risiken,** wie diktatorische Regierungen, Terrorismus und Flüchtlingsproblematik,
- **Wirtschaftspolitische Entwicklungen** wie Handelskonflikte oder Wirtschaftssanktionen,
- **Energiebezogene Risiken** wie Energieknappheit und Unsicherheit der Energiepreisentwicklung,
- Steigende und unsichere Entwicklung von **Nachhaltigkeitsanforderungen,**
- **Naturkatastrophen** (Brände, Überflutungen, Dürren etc.), die oft auch in Zusammenhang mit dem **Klimawandel** gesehen werden,
- **Pandemien** mit Auswirkungen auf Gesundheit, Arbeitsfähigkeit und Mobilität,
- Sinkende **Verfügbarkeit qualifizierter Arbeitskräfte,**
- **Lieferkettenproblematik und Betriebsunterbrechungen,** die weitestgehend auch durch die bereits genannten Risiken bedingt sind.

Konkrete Auswirkungen dieser Krisen- bzw. Störfaktoren sind branchenweite Umsatzeinbrüche, Verknappung des Produktangebots, Verteuerung der Energie- und Rohstoffpreise und steigende Inflation bis hin zu wirtschaftlicher Rezession. Die aufgeführten Kriseneinflussgrößen sind in der Regel grundsätzlich bekannt, wobei die Wahrscheinlichkeit und der Zeitpunkt des Auftretens und das Ausmaß der Auswirkungen ungewiss und schwer abschätzbar sind. Treten die genannten Risiko- bzw. Krisenfaktoren ein, können sich daraus für die betroffenen Unternehmen unterschiedliche, gegebenenfalls auch sehr schnell voranschreitende Krisenverläufe bis hin zur Vernichtung der Unternehmensexistenz ergeben (vgl. Lanzer et al., 2020, S. 2 f.). Auf gesamtwirtschaftlicher bzw. branchenbezogener Ebene sind bei diesen Krisen unterschiedliche Zukunftsszenarien denkbar, die von einer schnellen Erholung bis hin zu langfristiger Rezession und branchenspezifischen Anpassungen führen.

Neben den kurzfristigen Störgrößen gibt es auch die Möglichkeit der Entstehung und Verschärfung einer Krisensituation durch eher **langfristige, absehbare Entwicklungen mit externem und globalem Charakter.** Zu diesen potenziellen Krisenursachen, die untereinander in enger Verbindung stehen und somit nur bedingt abgrenzbar sind, gehören:

- **Technologiewandel und Digitalisierung:** Dies kann vor allem für Unternehmen krisenauslösend wirken, die bislang durchaus erfolgreich waren, aber die Überleitung zu einer neuen, zukunftsorientierten Technologie nicht rechtzeitig oder nicht konsequent genug schaffen. Ein zentrales Beispiel für einen Technologiewandel ist die Entwicklung in Richtung Elektromobilität und autonomes Fahren mit ihren Auswirkungen auf die Automobil- bzw. Automobilzulieferindustrie. Auch die Themen Digitalisierung und Industrie 4.0, die zu einer verstärkten Automatisierung und Vernetzung in der Produktion sowie zur Entwicklung neuer Produkte und Geschäftsmodelle führen, stellen Herausforderungen für die Unternehmen bezüglich einer technologischen, aber auch organisatorischen Anpassung dar.

- **Strukturwandel und Wettbewerbsveränderungen:** Neben eher grundsätzlichen Veränderungen wie der Verschiebung von der Industrie- zur Dienstleistungsgesellschaft ist zu beobachten, dass bestimmte Branchen aufgrund veränderter Nachfrage, veränderten gesetzlichen Regulierungs- oder Fördermaßnahmen oder zu hohen Produktionskosten weitestgehend nicht mehr wettbewerbsfähig sind (siehe z. B. die Abwanderung großer Teile der Solarindustrie nach China). Ein weiteres zentrales Beispiel für einen Strukturwandel ist die fortschreitende Bedrohung des klassischen Einzelhandels durch den Online-Handel; dieser Wandel ist zwar auch technologisch bedingt, wird aber in erster Linie durch veränderte Kundenanforderungen und Kaufgewohnheiten getrieben. Auch wesentliche Wettbewerbsveränderungen wie das verstärkte Auftreten von Billig-Anbietern, z. B. bei Airlines oder im Textilbereich, können etablierte Unternehmen bedrohen.

- **Wertewandel, insbesondere ökologische und soziale Nachhaltigkeit:** Die von Politik und Gesellschaft eingeforderte „Corporate Social Responsibility" der Unternehmen führt zu einem Wertewandel, der neben dem Shareholder-orientierten ökonomischen Erfolg auch umweltbezogene Ziele sowie die Verantwortung für Mitarbeiter und Gesellschaft einbezieht. Diese Entwicklung spiegelt sich in der steigenden Bedeutung von ESG-Anforderungen (Environment, Social, Governance) und ESG-Regulierungen wider. Ökologische oder soziale Nachhaltigkeitsverstöße oder fehlendes Engagement in Bezug auf die Nachhaltigkeitsanforderungen sorgen für Reputationsverluste und zunehmende Wettbewerbsnachteile, die letztendlich für die betroffenen Unternehmen krisenauslösend wirken können.

Neben den derzeit im Fokus stehenden globalen Krisenursachen können auch **externe Krisenursachen mit unternehmensindividuell wirkendem Charakter** auftreten. Die in diesem Fall vorliegenden externen Entwicklungen oder Störfaktoren betreffen nur einzelne Unternehmen oder ein abgegrenztes Spektrum von Unternehmen. Beispiele sind die Ansiedlung eines bedrohenden Wettbewerbers in der Nähe eines Handelsunternehmens, die Insolvenz wichtiger Geschäftspartner mit Folgewirkungen für das Unternehmen oder ein lokal begrenzter Umweltschaden durch Überschwemmung oder Feuer.

Bei den **internen Krisenursachen** mit weitestgehender Eigenverantwortlichkeit gibt es eine Vielzahl von möglichen Krisenherden. Die wesentlichen Ursachentypen sind (vgl. Kischewski & Zell, 2019, S. 12; Grape, 2006, S. 34 ff.):

- **Management- und Führungsprobleme,** wie z. B. egoistische Denkweise, Konflikte und Rivalitäten, mangelnde Führungs- und Motivationsfähigkeit, unzureichende Geschäftskenntnisse oder unklare Nachfolgeregelungen,
- **Organisatorische Probleme,** wie z. B. schlechtes Personalmanagement, unzuverlässige Kooperationspartner, nicht funktionierende Prozesse oder mangelhafte Informationssysteme,
- **Unternehmerische Fehlentscheidungen,** wie z. B. unüberlegte Akquisitionen und Investitionen, zu hohe Verschuldung, nicht wettbewerbsfähige Produkte oder gescheiterte Reorganisations-, Outsourcing- oder Standortverlagerungsprojekte,
- **Versäumen des Treffens notwendiger Entscheidungen,** z. B. in Bezug auf Produkt- oder Prozess-Innovationen, erfolgsrelevante Ersatz- und Erweiterungsinvestitionen sowie erforderliche organisatorische und soziale Verbesserungsmaßnahmen.

Interne Krisenursachen entwickeln sich in der Regel in mehreren Stufen. Als Folge von Führungsmängeln und strategischen Fehlentscheidungen ergeben sich, oftmals mit zunehmender Geschwindigkeit, weitere erfolgs- und finanzwirtschaftliche Krisenursachen, wie z. B. Qualitätsprobleme, Lieferschwierigkeiten, Stornierung von Kundenaufträgen oder Kreditverweigerung durch Banken.

Die Abgrenzung der dargestellten Ausprägungen von Krisenursachen ist nicht immer eindeutig. Zwischen den einzelnen Ursachenkategorien gibt es Überlappungen; auch treten häufig **externe und interne, globale und individuelle Krisenursachen gemeinsam** auf. Die Entstehung einer Unternehmenskrise ist im Regelfall nicht auf eine einzelne, abgrenzbare Ursache zurückzuführen, sondern durch komplexe Zusammenhänge und Abhängigkeiten zwischen den Krisenursachen gekennzeichnet. So sind bei vorliegenden externen Krisenursachen (z. B. Lieferkettenproblemen) die Unternehmen am stärksten gefährdet, bei denen auch interne Krisenherde vorliegen (z. B. Abhängigkeit von einzelnen Lieferanten). Umgekehrt ist ein Unternehmen mit internen Problemen (z. B. veraltete, energieintensive Maschinen) in der Regel besonders anfällig für externe Störfaktoren (z. B. starke Erhöhung der Energiepreise). Insofern ist es von zentraler Bedeutung für die nachfolgende Krisenbewältigung, die wesentlichen Krisenursachen mit ihren Zusammenhängen zu ermitteln und zu dokumentieren.

Praxisbeispiel

Anhand der im Oktober 2021 eingetretenen **Insolvenz der Flughafen Frankfurt-Hahn GmbH,** eines Regionalflughafens in Rheinland-Pfalz, lassen sich eine Vielzahl von unterschiedlichen Krisenursachen veranschaulichen, die in ihrem Zusammenwirken zu der vorliegenden Krisensituation geführt haben (vgl. z. B. tagesschau.de, 19.10.2021):

- **Externe Störfaktoren:** Die Corona-Pandemie hat der Luftfahrt-Branche und speziell auch den Regionalflughäfen mit einem hohen Anteil an Tourismus-Flügen stark zugesetzt. Staatliche Rettungsaktionen konzentrierten sich in erster Linie auf größere Flughäfen und Fluggesellschaften.
- **Langfristige Entwicklungen mit Krisenpotenzial:** Bei Regionalflughäfen ist eine zunehmend sinkende Akzeptanz aufgrund der damit einhergehenden Umweltbelastung festzustellen. Zukünftige Subventionen für Flughäfen sind aktuell von der EU gekappt worden, was sich insbesondere auf die Unterstützung für Regionalflughäfen auswirken wird.
- **Externe Krisenursachen mit unternehmensindividuellem Charakter:** Die Fluggesellschaft Ryan Air als zentraler Anbieter von Passagierflügen am Flughafen Frankfurt-Hahn hat sein Angebot bereits in den letzten Jahren sukzessive reduziert und auf größere Flughäfen verlagert. Dieser Rückgang konnte auch nicht durch aktuelle Zuwächse beim Frachtgeschäft kompensiert werden.
- **Interne Krisenursachen:** Der Hauptanteilseigner der Flughafen Frankfurt-Hahn GmbH, der chinesische Großkonzern HNA, war bereits im Vorfeld in finanzielle Schwierigkeiten geraten; zudem sorgte die aktuelle Festnahme der Führungsspitze von HNA für zusätzliche Schlagzeilen.

Literatur

Allianz Risk Barometer (2023). https://www.allianz.com/content/dam/one-marketing/azcom/Allianz_com/press/document/Allianz-Risk-Barometer-2023.pdf. Zugegriffen: 30. März 2023.

Forster, T., Ulrich, R. E., Ulrich, I., & Gruber, A (2023). *Unternehmenskrisen erfolgreichmanagen: Strategische Business Transformation als Königsdisziplin* (2. Aufl.).Springer Gabler.

Grape, C. (2006). *Sanierungsstrategien. Empirisch-qualitative Untersuchung zur Bewältigung schwerer Unternehmenskrisen.* Deutscher Universitäts-Verlag.

Kischewski, S., Zell, M. (2019). *Herausforderung Krisenmanagement: Aktive Einbindung von Mitarbeitern und Betriebsräten in den Prozess der Erkennung, Bewältigung und Prävention von Unternehmenskrisen.* Interne Studie, Saarbrücken.

Krystek, U., & Moldenhauer, R. (2007). *Handbuch Krisen- und Restrukturierungsmanagement.* Kohlhammer.

Lanzer, F., Sauberschwarz, L., & Weiß, L. (2020). *Erfolgreich durch die Krise.* Springer Gabler.

Rüsen, T. A. (2017). *Krisen und Krisenmanagement in Familienunternehmen* (2. Aufl.). Springer Gabler.

tagesschau.de (19.10.2021). Der Flughafen Hahn ist pleite, www.tagesschau.de/wirtschaft/konjunktur/flughafen-hahn-pleite-101.html. Zugegriffen: 25.05.2023.

3

Krisenverläufe und Krisenauswirkungen

Fragen, die dieses Kapitel beantwortet

In welchen Phasen verlaufen Krisen?
Mit welchen Entwicklungen und Auswirkungen sind die einzelnen Krisenphasen verbunden?
Welche Interessengruppen (Stakeholder) sind von der Krise betroffen?
Welche Ziele verfolgen die jeweiligen Stakeholder in der Krise?

Krisen verlaufen in unterschiedlichen Phasen, die sich anhand unterschiedlicher Modelle bzw. Typologien verdeutlichen lassen. Werden bei einer Krisenentwicklung keine Gegenmaßnahmen getroffen, verschärfen sich die Auswirkungen der Krise zunehmend und können im Extremfall zur Vernichtung der Existenz des Unternehmens führen. Um den Krisenfortschritt und das Ausmaß der Bedrohung beurteilen und einordnen zu können, werden deshalb zunächst die vorhandenen Ansätze zur Einordnung von Krisen in Krisenphasen dargestellt und die Krisenphasen anhand typischer Entwicklungsmerkmale und Auswirkungen charakterisiert. Krisen können nicht nur gravierende Auswirkungen auf die Unternehmen, sondern auch auf die mit den

© Der/die Autor(en), exklusiv lizenziert an Springer Fachmedien Wiesbaden GmbH, ein Teil von Springer Nature 2023
M. Zell, *Erfolgreiches Krisenmanagement in Unternehmen*,
https://doi.org/10.1007/978-3-658-43208-9_3

Unternehmen verbundenen Stakeholder haben. Die typischen Auswirkungen von Krisen auf die unterschiedlichen Interessengruppen
werden im Anschluss erläutert und den spezifischen Zielsetzungen der
Stakeholder in der Krisensituation gegenübergestellt.

3.1   Krisenverläufe und Krisenphasen

Die Möglichkeiten zur Bewältigung einer Krise sind in hohem Maße
vom aktuellen Krisenfortschritt abhängig. Zur Beschreibung des Krisen-
entwicklungsprozesses bzw. des Verlaufs von Unternehmenskrisen sind
unterschiedliche Ansätze zur Einteilung in **Krisenphasen** entwickelt
worden.

Die bekannte Darstellung des Krisenverlaufs nach Müller (vgl. Müller, 1986, S. 25 ff.) beschreibt, ausgehend von den durch die Krise be-
drohten Unternehmenszielen, vier Phasen von Unternehmenskrisen, die
zeitlich aufeinander aufbauen:

- **Strategische Krise,**
- **Erfolgskrise,**
- **Liquiditätskrise,**
- **Insolvenz.**

Das Institut der Wirtschaftsprüfer e. V. (IDW) ergänzt in seiner Neufassung des Standards „Anforderung an Sanierungskonzepte" den Ansatz von Müller um eine der strategischen Krise vorgelagerte **Stake-
holderkrise** sowie eine **Produkt- und Absatzkrise,** die letztendlich in
eine Ergebnis- oder Erfolgskrise mündet (vgl. Institut der Wirtschaftsprüfer e.V. (IDW), 2018, S. 9).

Weitere Ansätze zur Einteilung des Krisenprozesses (vgl. z. B. Krystek & Moldenhauer, 2007, S. 37; Hauschildt et al., 2006, S. 9) betonen stärker die Wahrnehmungsperspektive einer Krise. So spricht man
von einer **potenziellen oder latenten Krise,** wenn die Krise nach außen
noch nicht oder nur schwer erkennbar ist; in der **akuten oder mani-
festen Krise** wird dann die Krise bzw. ihre Auswirkungen auch für die
Stakeholder bzw. die Außenwelt offensichtlich.

Abb. 3.1 Verlauf von Unternehmenskrisen – Phasen und Einordnung (Eigene Abbildung in Anlehnung an Müller, 1986, S. 25 ff.)

Für die nachfolgenden Betrachtungen zum Krisenmanagement wird auf eine an den Ansatz von Müller angelehnte Phaseneinteilung zurückgegriffen. Abb. 3.1 zeigt die einbezogenen Krisenphasen und ergänzt sie um mögliche Kriterien zur Einordnung und Beurteilung des Krisenverlaufs.

Angesichts der aktuellen Bedeutung auftretender Störfaktoren im Unternehmensumfeld und der Vielzahl der vorliegenden Risikoquellen und Krisenherde ist es sinnvoll, die **potenzielle Krise** als vorgelagerte Krisenphase mit in die Betrachtung aufzunehmen. Ein Unternehmen kann jederzeit, auch bei einer weitestgehend gesunden strategischen und operativen Ausgangsbasis, durch äußere Einflüsse in eine Krisensituation geraten. Die gedankliche Vorwegnahme unerwarteter, aber denkbarer Risiken und Ereignisse ist die Basis für die Entwicklung geeigneter Präventivmaßnahmen und die Stärkung der Widerstandskraft (Resilienz) des Unternehmens; somit befinden sich die Unternehmen mehr oder weniger ständig in einem Zustand der potenziellen Krise (vgl. Krystek, 2020, S. 27). Je nach Intensität der Risiken oder Störfaktoren kann eine potenzielle Krise auch unmittelbar in eine operative Krise (Ergebnis- oder Liquiditätskrise) übergehen, wenn ein bis dahin weitestgehend gesundes Unternehmen durch äußere Einflüsse kurzfristig in eine Krisensituation gerät.

Kennzeichnend für die **Strategiekrise** ist die Verschlechterung der Wettbewerbsposition des Unternehmens durch Minderung oder Verlust der bisherigen strategischen Erfolgsfaktoren des Unternehmens (z. B. Produktinnovationen, Qualitätsvorteile). Häufig werden Geschäftsmodelle und Technologiekonzepte, die sich in der Vergangenheit bewährt haben, trotz aktueller Umfeldveränderungen beibehalten; es fehlt am notwendigen Innovationspotenzial sowie der Risikobereitschaft zur Wahrnehmung und Erschließung strategischer Chancen. Auch Faktoren wie mangelnde Kundenausrichtung, Fehlinvestitionen (Technologie, Standorte oder Unternehmenskäufe) sowie personelle und organisatorische Fehlentscheidungen können zu einer strategischen Krise führen. Eine strategische Krise ist im Regelfall schwierig zu erkennen und macht sich gegebenenfalls durch Signale wie sinkende Kundenzufriedenheit, rückläufige Marktanteile oder zunehmenden Wettbewerbsdruck bemerkbar. Aktuelle Probleme des Tagesgeschäfts sowie die noch nicht direkt erkennbare Ergebniswirkung verhindern häufig die Wahrnehmung der strategischen Krise und die Durchführung einer erforderlichen strategischen Neuausrichtung (vgl. Kischewski & Zell, 2019, S. 5).

Der Übergang in die **Ergebnis- oder Erfolgskrise** wird durch das Auftreten einer negativen Ergebnisentwicklung, die sich in den entsprechenden Umsatz-, Gewinn- und Rentabilitätskennzahlen niederschlägt, offensichtlich. Diese Entwicklung ist nicht nur intern zu erkennen, sondern macht sich auch in der Berichterstattung des Unternehmens nach außen hin bemerkbar. Somit erhöht sich der Druck auf die Unternehmensleitung, ergebnisverbessernde Maßnahmen mit kurz- und langfristiger Wirksamkeit durchzuführen. Trotzdem gibt es aber auch in dieser Phase immer noch viele Unternehmen, die sich, insbesondere im Falle noch ausreichend vorhandener Liquidität, nicht konsequent genug mit der Krisensituation auseinandersetzen (vgl. Forster et al., 2023, S. 33).

Die anschließende **Liquiditätskrise** ist durch die Gefahr der Zahlungsunfähigkeit oder Überschuldung gekennzeichnet. Die existenzbedrohende Situation des Unternehmens wird zunehmend auch für die Stakeholder des Unternehmens relevant, indem z. B. Zahlungsverpflichtungen hinausgeschoben werden oder mitarbeiterbezogene

Maßnahmen, wie Stellenabbau oder Kürzungen von Sozialleistungen, in verstärktem Maße durchgeführt werden. Der hohe, kurzfristige Handlungsdruck führt zu einer Fokussierung auf liquiditätswirksame Maßnahmen und blockiert häufig die Entwicklung einer längerfristig wirkenden Krisenbewältigung.

Falls finanzielle und liquiditätsbezogene Maßnahmen nicht greifen, tritt als letzte Phase die **Insolvenz** ein. Diese kann das Ende des Unternehmens bedeuten, allerdings können sich auch in der Insolvenz noch Optionen zur Krisenbewältigung bzw. Sanierung ergeben (Abschn. 5.2).

Weitere Kriterien zur **Einordnung des Krisenverlaufs** finden sich im unteren Teil von Abb. 3.1 wieder. So nimmt die **Sichtbarkeit** der Krisenentwicklung nach außen hin im Krisenverlauf zu, das Ausmaß der **Gefährdung** steigt vom möglichen Risiko bis zur akuten Bedrohung, die **Handlungsoptionen** gehen von eher aktiven Gestaltungsmöglichkeiten zu reaktivem Anpassungsverhalten über und das mögliche **Maßnahmenspektrum** wandelt sich von präventiven, die Resilienz unterstützenden Maßnahmen hin zu konkreten Krisenbewältigungs- und Sanierungsmaßnahmen.

Praxisbeispiel

Der Aufstieg und der Niedergang der **Airline Air Berlin** bildet ein gutes Beispiel zur Darstellung eines Krisenverlaufs (vgl.Wirtschaftswoche, 2017; vgl. Spiegel Wirtschaft, 2017).

Nach der Gründung 1978 durch einen amerikanischen Piloten entstand 1991 die deutsche Air Berlin GmbH & Co Luftverkehrs KG. Das Unternehmen erlebte ein starkes Wachstum im lukrativen Tourismusgeschäft, insbesondere in der Mittelmeerregion, und stieg ab 1998 auch ins Liniengeschäft ein. Neben den Tourismuszielen wurden auch vermehrt europäische Großstädte angeflogen, wodurch Air Berlin 2003 zur zweitgrößten Airline Deutschlands hinter der Lufthansa wurde. Der Wachstumskurs sollte durch den zunehmenden Erwerb von Unternehmen und einen Börsengang in 2006 fortgesetzt werden. Eine Verschiebung des Börsengangs der Air Berlin PLC aufgrund einer zu hoch angesetzten Preisspanne und das Scheitern von Akquisitionen, wie die geplante Übernahme von Condor, sind jedoch schon als Hinweise auf eine zugrunde liegende **Strategiekrise** zu interpretieren.

Bis 2007 wies das Unternehmen noch Gewinn aus, dann zeichnete sich eine **Ergebniskrise** ab, die durch die aufkommende Wirtschaftskrise noch verschärft wurde. In den Folgejahren wurden Sparprogramme aufgelegt, die zu einer Verkleinerung der Flotte führten; zudem fanden personelle Wechsel im Management und Veränderungen in der Beteiligungsstruktur durch Aufnahme der arabischen Gesellschaft Etihad als Großaktionär statt. Es kam zum Kursverfall der Aktien und zum vermehrten Abbau von Arbeitsplätzen. Erschwerend kam hinzu, dass das geplante Drehkreuz, der Flughafen Berlin-Brandenburg, nicht wie geplant eröffnet werden konnte.

Rekordverluste im Jahr 2014 deuteten den Übergang in die **Liquiditätskrise** an, die eine zusätzliche finanzielle Unterstützung des Hauptinvestors erforderlich machte. Es kam zu weiteren Restrukturierungsmaßnahmen, wie der Aufgabe von Geschäftsbereichen, der Einstellung von Flügen, der Aufgabe eigener Flugzeuge durch Umstellung auf Leasing und zusätzlichen Stelleneinsparungen. Nach weiteren hohen Verlusten und Aufkündigung einer weiteren finanziellen Unterstützung durch Etihad wurde am 15.08.2017 ein Antrag auf Eröffnung eines **Insolvenzverfahrens** gestellt. Am 27.10.2017 fand der letzte eigenwirtschaftlich durchgeführte Flug statt.

3.2 Krisenauswirkungen auf Unternehmen, Mitarbeiter und sonstige Stakeholder

Im Rahmen der Darstellung des Krisenverlaufs sind bereits einige typische **Auswirkungen von Krisen auf Unternehmen** aufgeführt worden, die sich mit zunehmendem Krisenfortschritt verschärfen und von einer Verschlechterung der strategischen Position über eine negative Ergebnisentwicklung bis hin zu Zahlungsschwierigkeiten und möglicher Insolvenz reichen. Von den Auswirkungen einer Krise sind jedoch nicht nur die Unternehmen selbst, sondern auch die mit den Unternehmen verbundenen **Interessengruppen bzw. Stakeholder** betroffen. Das Zusammenspiel von Unternehmen und einzelnen Interessengruppen, das bereits in krisenfreien Zeiten eine wichtige Rolle für den Unternehmenserfolg spielt, kann sich während der Krise verändern. Machtstrukturen verschieben sich, es entstehen neue Abhängigkeiten und der Druck des Einbeziehens unterschiedlicher Stakeholder-Interessen im Hinblick auf eine erfolgreiche Krisenbewältigung wächst (vgl. Baur et al., 2015, S. 1). Das **Management** wird in diesem Zusammenhang nicht als eigentlicher Stakeholder gesehen, sondern repräsentiert bzw. vertritt als unternehmensinterne Instanz die Interessen des

Unternehmens bzw. der Eigenkapitalgeber. Die Mitarbeiter werden in der nachfolgenden Betrachtung trotz ihres eher unternehmensinternen Charakters den Stakeholdern zugeordnet.

Grundsätzlich verfolgen die Stakeholder in Bezug auf die Zusammenarbeit mit dem Unternehmen jeweils **individuelle Zielsetzungen** (vgl. Buschmann, 2006, S. 133). Im Falle einer Unternehmenskrise ergeben sich für die Stakeholder in der Regel negative Konsequenzen bzw. Krisenauswirkungen in unterschiedlicher Ausprägung, die ihre individuellen Ziele gefährden. Ein erfolgreiches Krisenmanagement muss versuchen, die individuellen Ziele der Stakeholder im Rahmen des Krisenbewältigungsprozesses zu berücksichtigen und nach Möglichkeit mit den Zielsetzungen des Unternehmens bzw. des Managements zu vereinbaren. Abb. 3.2 fasst die wichtigsten Krisenauswirkungen auf die Stakeholder sowie die wesentlichen Ziele der Stakeholder in der Krisensituation zusammen.

Das Management des Unternehmens wird in der Regel die Ziele verfolgen, die aus Sicht der Eigenkapitalgeber bestehen (z. B. Gewinnmaximierung, Rentabilitätsverbesserung bzw. Erhöhung des Unternehmenswerts), da ihre Leistung in erster Linie an diesen Kriterien gemessen bzw. teilweise auch vergütet wird. Aufgrund der z. B. bei Aktiengesellschaften vorliegenden Trennung von Eigentum und Unternehmenssteuerung ist davon auszugehen, dass das Management in der Krisensituation jedoch auch noch individuelle Ziele verfolgt, die nicht zwingend deckungsgleich mit den Zielen der Eigentümer bzw. Kapitalgeber sein müssen. Im Regelfall wird es sich dabei um karriereorientierte Ziele handeln, z. B. die Sicherung der vorhandenen beruflichen Position und des Gehaltsniveaus, die Vermeidung von Karrierebrüchen oder die Vermeidung von Imageschäden durch „Versagen" in der Krisensituation.

Wie aus Abb. 3.2 hervorgeht, wirken sich Unternehmenskrisen in unterschiedlicher Form auf die Stakeholder aus. Auf der anderen Seite sind die Unternehmen in einer Krisensituation aber auch in hohem Maße von dem Verhalten bzw. der Unterstützung der Stakeholder abhängig; so sind sie z. B. auf die Gewährung zusätzlicher Kredite seitens der Banken oder die weitere Zusammenarbeit mit wichtigen Kunden und Lieferanten angewiesen. Das erfolgreiche **Zusammenwirken von**

Stakeholder	Potenzielle Wirkung der Krise auf Stakeholder	Ziele der Stakeholder in der Krise
Eigenkapital-geber	Wertverlust des eingesetzten Eigenkapitals, Gewinn- bzw. Dividendenverzicht	Sicherung bzw. Werterhalt des Kapitaleinsatzes
Fremdkapital-geber	Ausfall von Zins- und Tilgungszahlungen	Sicherung von Kreditrückzahlung und Zinszahlungen
Kunden	Lieferungs-/Serviceausfall, Folgewirkungen auf eigene Produktion	Versorgungssicherung, Sicherung Kosten/Nutzen-Verhältnis der Produkte
Lieferanten	Verzögerte Zahlung und Zahlungsausfälle, Wegfall der Geschäftsbeziehung	Sicherung aktueller Forderungen, Vermeidung von Abhängigkeiten
Staat, Gesellschaft	Ausfall Steuereinnahmen, erhöhte Belastung Sozial-kassen, Unterstützungshilfen	Sicherung Steuereinnahmen und Verhindern hoher Belastungen
Mitarbeiter und Mitarbeiter-vertretungen	Arbeitsplatzverlust, Lohn/Gehalt- und Sozial-leistungsreduzierung	Arbeitsplatz- und Einkommenssicherung, Erhalt des sozialen Umfelds

Abb. 3.2 Krisenauswirkungen und Ziele der Stakeholder in der Krise

Unternehmen und Stakeholdern ist somit eine wesentliche Voraussetzung für ein wirksames Krisenmanagement.

Eine zentrale Rolle in der Krisensituation kommt der Belegschaft des Unternehmens zu. Die **Mitarbeiter** repräsentieren einen bedeutenden Stakeholder mit hohem Einfluss auf die Unternehmensprozesse und den Unternehmenserfolg. Dabei stellen die Mitarbeiter untereinander eine vielschichtige Interessengruppe dar. So weisen sie eine unterschiedliche hierarchische Einordnung im Unternehmen auf, sind unterschiedlich qualifiziert und werden in unterschiedlichen Bereichen von der direkten Produktion oder Leistungserstellung über eher administrative Tätigkeiten bis hin zu Management- und Führungsprozessen eingesetzt. Die Interessen der Mitarbeiter, vor allem in Bezug auf mitarbeiterbezogene Auswirkungen und Maßnahmen, werden von den Mitarbeitervertretungen, in erster Linie den **Betriebsräten,** vertreten. Als beratende interne Unterstützung der Betriebsräte bei Fragen zur wirtschaftlichen

Entwicklung des Unternehmens, wozu auch Krisenentwicklungen gehören, fungiert der **Wirtschaftsausschuss**. Zudem befinden sich auch in den Kontrollorganen der Unternehmen, insbesondere den Aufsichtsräten, Vertreter der Arbeitnehmer, die ein ganzheitliches Interesse an der Unternehmensentwicklung und den Auswirkungen auf das Personal haben.

Den Mitarbeitern stehen über die Mitarbeitervertretungen bestimmte **Informationsrechte und Mitbestimmungsrechte** zu, die weitestgehend im Betriebsverfassungsgesetz (BetrVG) geregelt sind. Insbesondere in Krisensituationen, die häufig mit gravierenden Konsequenzen für die Mitarbeiter bis hin zum Arbeitsplatzverlust verbunden sind, liegen erweiterte Informations- und Mitbestimmungsrechte vor. Über die reine Berücksichtigung der Rechte der Mitarbeiter hinaus liegt es natürlich auch im Interesse des Managements, gerade in Krisensituationen die Loyalität und Unterstützung der Mitarbeiter sicherzustellen.

Literatur

Baur, M., Kantowsky, J., & Schulte, A. (Hrsg.) (2015). *Stakeholder Management in der Restrukturierung: Perspektiven und Handlungsfelder in der Praxis* (2. Aufl.). Springer Gabler.

Buschmann, H. (2006). *Erfolgreiches Turnaround-Management*. Springer Gabler.

Forster, T., Ulrich, R. E., Ulrich, I., & Gruber, A. (2023). *Unternehmenskrisen erfolgreich managen: Strategische Business Transformation als Königsdisziplin* (2. Aufl.). Springer Gabler.

Hauschildt, J., Grape, C., & Schindler, M. (2006). Typologien von Unternehmenskrisen im Wandel. *DBW 66*(1), 7–25.

Institut der Wirtschaftsprüfer e.V. (IDW) (2018). *Neufassung des Standards „Anforderungen an Sanierungskonzepte" (IDW ES 6 n.F.)*, Düsseldorf.

Kischewski, S., & Zell, M. (2019). *Herausforderung Krisenmanagement: Aktive Einbindung von Mitarbeitern und Betriebsräten in den Prozess der Erkennung, Bewältigung und Prävention von Unternehmenskrisen*. Interne Studie, Saarbrücken.

Krystek, U., & Moldenhauer, R. (2007). *Handbuch Krisen- und Restrukturierungsmanagement*. Kohlhammer.

Krystek, U. (2020). Denkanstöße für eine integrierte Krisenvorsorge. *Controlling & Management Review, 6–7*(2020), 26–35.

Müller, R. (1986). *Krisenmanagement in der Unternehmung* (2. Aufl.). Lang.

Spiegel Wirtschaft (14.09.2017). Aufstieg, Sinkflug und Niedergang von Air Berlin, www.spiegel.de/fotostrecke/air-berlin-chronik-in-bildern-fotostrecke-152226.html. Zugegriffen: 23. Mai 2023.

Wirtschaftswoche (15.07.2017). Aufstieg und Niedergang von Air Berlin, www.wiwo.de/unternehmen/dienstleister/die-geschichte-der-airline-aufstieg-und-niedergang-von-air-berlin/5949362.html. Zugegriffen: 23. Mai 2023.

4

Krisenerkennung und Krisenanalyse

Fragen, die dieses Kapitel beantwortet

Was ist der Zusammenhang zwischen Risiko und Krise?
Wie kann ein Risikomanagement zur Früherkennung von Krisen beitragen?
Welche Kennzahlen unterstützen in welchen Krisenphasen eine Krisenerkennung und Krisenanalyse?
Wie kann Planung und Forecasting die Krisenerkennung und Krisenanalyse verbessern?
Welche Möglichkeiten zur Krisenerkennung bestehen für Mitarbeiter und sonstige Stakeholder?

Die Kenntnis über den aktuellen Stand der Krise, in der sich das Unternehmen befindet, ist wichtig, um den Krisenfortschritt und das Ausmaß der Bedrohung beurteilen und einordnen zu können. Je früher eine Krisensituation erkannt wird, umso umfassender sind die Optionen zur Krisenbewältigung. Eine Krisenfrüherkennung setzt in der potenziellen oder strategischen Phase der Krisenentstehung an und versucht, drohende oder bereits vorhandene Krisenherde rechtzeitig wahrzunehmen und die Entstehung bzw. weitere Ausbreitung der Krise zu verhindern.

© Der/die Autor(en), exklusiv lizenziert an Springer Fachmedien Wiesbaden GmbH,
ein Teil von Springer Nature 2023
M. Zell, *Erfolgreiches Krisenmanagement in Unternehmen,*
https://doi.org/10.1007/978-3-658-43208-9_4

Aber auch wenn die Krise bereits in die operativen Krisenphasen der Ergebnis- oder Liquiditätskrise fortgeschritten ist, ist es von Bedeutung, den Krisenfortschritt mit Hilfe aussagefähiger Instrumente und Kennzahlen beurteilen zu können, auch wenn man in diesem Fall nicht mehr von Krisenfrüherkennung sprechen kann. Im Folgenden wird eine Einordnung der Instrumente zur Erkennung und Analyse von Krisen nach den folgenden wesentlichen Bereichen vorgenommen:

- Risikomanagement und Frühwarnsysteme,
- Kennzahlen und Reporting,
- Planung und Forecasting.

4.1 Krisenfrüherkennung durch Risikomanagement und Frühwarnsysteme

In der potenziellen und auch der strategischen Krise sind die wesentlichen Kennzahlen des Unternehmens in der Regel noch positiv, sodass für die **Krisenfrüherkennung** andere Indikatoren herangezogen werden müssen, die eher qualitativer Natur sind, weniger eindeutig sind und oftmals auch eine subjektive Interpretation zulassen. Schwierig gestaltet sich die Krisenfrüherkennung vor allem bei externen Störgrößen, die kaum oder nur schwer vorhersehbar sind; hier sollte zumindest versucht werden, über Frühwarn- bzw. Früherkennungssysteme entsprechende Signale und Risikopotenziale rechtzeitig zu erfassen, einzuordnen und Reaktionsmöglichkeiten zu planen (vgl. Krystek, 2020, S. 30).

An dieser Stelle ist es wichtig, zunächst auf den **Zusammenhang von Krise und Risiko** einzugehen. Während eine Krise ausdrückt, dass bereits eine konkrete Gefährdung des Unternehmens vorliegt und wichtige Unternehmensziele verfehlt werden, kann **Risiko** definiert werden als „die aus einer nicht sicher vorhersehbaren Zukunft resultierende, durch „zufällige" Störungen verursachte Möglichkeit, von geplanten Zielen abzuweichen" (Gleißner, 2022, S. 21). Somit kommt es zu einer Krise, wenn vorhandene Risiken mit gravierenden Auswirkungen tatsächlich eintreten. Dabei wirkt insbesondere die Aggregation mehrerer Risiken und das gleichzeitige Auftreten externer und interner Risikofaktoren krisenverstärkend. Eine systematische Erfassung, Verfolgung und Behandlung von Risiken unterstützt das Erkennen von Krisenursachen bereits in einer frühen Entwicklungsphase und kann dazu beitragen, einer Krise vorzubeugen bzw. gegenzusteuern. Zu beachten ist dabei, dass der Eintritt von Einzelrisiken (z. B. Abspringen eines Kunden) nicht zwingend auch schon zu einer Krisensituation führt. Weiterhin werden Managementfehler als häufige Krisenursache oft nicht transparent, da in vielen Unternehmen eine überwiegende Fokussierung auf externe Risiken und Störgrößen erfolgt und Risiken aus eigenen Handlungen vernachlässigt werden.

Ein **Risikomanagement,** mit dem es gelingt, die wesentlichen Risiken rechtzeitig zu erkennen und entsprechende Maßnahmen zur Risikosteuerung zu treffen, stellt somit ein wichtiges Instrument zur Krisenprävention und zur Verhinderung einer weiteren Krisenverschärfung dar. Die organisatorische Umsetzung des Risikomanagements wird durch ein Risikomanagementsystem unterstützt; dieses stellt durch organisatorische Regelungen sicher, dass eine regelmäßige Erfassung und Analyse von Risiken erfolgt, die Ergebnisse an die Entscheidungsträger kommuniziert und adäquate Risikobewältigungsmaßnahmen durchgeführt werden (vgl. Gleißner, 2022, S. 30).

Ansteigende Insolvenzzahlen und das Auftreten von Finanzskandalen haben seit den 1990er Jahren dazu geführt, dass die Notwendigkeit eines Risikomanagements und eines Risiko-Reporting auch gesetzlich geregelt wird. An dieser Stelle sollen nur zwei wesentliche **Gesetze** genannt werden (vgl. auch Giesen, 2022, S. 17 ff.):

KonTraG (1998): Gesetz zur Kontrolle und Transparenz im Unternehmen, das die folgenden Aspekte umfasst (gilt für börsennotierte Unternehmen mit Ausstrahlung auf andere Kapitalgesellschaften):

- Einrichtung eines Überwachungssystems zur Früherkennung von Risiken,
- Prüfung des Überwachungssystems durch Wirtschaftsprüfer,
- Integration einer Risikoberichterstattung im Lagebericht der Unternehmen,
- Dokumentation des Risikomanagementprozesses im Unternehmen.

StaRUG (ab 2021): Gesetz über den Stabilisierungs- und Restrukturierungsrahmen für Unternehmen (gilt für alle haftungsbeschränkten Unternehmen):

- Verpflichtung der Geschäftsleitung zur Einführung von Überwachungs- und Krisenfrüherkennungssystemen,
- Forderung nach geeigneten Gegenmaßnahmen bei sich abzeichnenden Krisen,
- Information der Überwachungsorgane (Aufsichtsrat) bezüglich Risiken und Krisensituationen.

Die gesetzlichen Regelungen zum Risikomanagement werden durch eine Vielzahl von **Normen und Standards** ergänzt, aus denen sich Empfehlungen für die Gestaltung des Risikomanagementprozesses sowie zum Aufbau eines internen Kontrollsystems ableiten lassen.

Unabhängig von den gesetzlichen und sonstigen Vorgaben lässt sich ein Risikomanagement-Prozess definieren, der aus Abb. 4.1 hervorgeht.

Neben einer generellen Unternehmens- bzw. Risikostrategie (z. B. eher risikofreudiges oder risikoaverses Verhalten) kann eine typische Risikokultur z. B. in einer offenen Kommunikation von Risiken und drohenden Krisenentwicklungen bestehen. Das Risikoreporting unterstützt

Abb. 4.1 Risikomanagement-Prozess (Eigene Abbildung, in Anlehnung an Diederichs, 2018, S. 14)

sowohl das interne Risikocontrolling wie auch die externe Darstellung des Risikomanagements und der wesentlichen Risiken im Lagebericht des Unternehmens.

Der für die Krisenfrüherkennung relevante Risikomanagementprozess beginnt mit der **Risikoidentifikation.** Aufgrund der Vielfalt möglicher Risiken, der begrenzten Erkenntnisse bezüglich Voraussehbarkeit und Auswirkungen und der Komplexität des Zusammenwirkens von Risiken ist die Identifikation von Risiken eine schwierige Aufgabe (vgl. Diederichs, 2018, S. 92 f.). Grundlage einer systematischen Risikoidentifikation ist eine Einteilung von Risiken nach unterschiedlichen Kategorien. Nach der Herkunft lassen sich **externe Risiken,** die durch Umfeldereignisse bedingt sind (z. B. Katastrophen, Wechselkursschwankungen), sowie **interne Risiken,** die überwiegend im eigenen Verantwortungsbereich liegen (z. B. falsche Technologiewahl) unterscheiden. In Bezug auf die Reichweite der Risikowirkung ist eine Differenzierung in **strategische Risiken** mit langfristiger und bedeutender Wirkung (z. B. Standortwahl) sowie **operative Risiken,** die sich meist kurzfristig innerhalb der laufenden Unternehmensprozesse ergeben (z. B. Forderungsausfälle), möglich. Darüber hinaus bietet sich eine Strukturierung der Risiken entlang der unternehmensbezogenen Organisation bzw. der Geschäftsprozesse an, um die Verantwortlichkeit für die Risikoidentifikation besser zuordnen zu können.

In der potenziellen Krise sowie der Strategiekrise liegen häufig **externe Risiken** vor, die auf möglichen Störgrößen (z. B. Cyber-Angriffen) oder auch langfristig wirkenden Ereignissen und Entwicklungen (z. B. Gesetzesänderungen im Nachhaltigkeitsbereich) beruhen. Zur Identifikation und weiteren Verfolgung bzw. Wirkungsabschätzung dieser Risiken sowie auch für die Identifikation interner Risiken mit strategischem Charakter (z. B. drohender Know-How-Verlust durch Weggang von Leistungsträgern) werden **strategische Frühwarn- bzw. Früherkennungssysteme** vorgeschlagen (vgl. Krystek & Moldenhauer, 2007, S. 117 ff.). Diese nehmen eine Erfassung, Einordnung und Bewertung externer und interner strategischer Risiken in unterschiedlichen Unternehmensbereichen vor. Charakteristisch für diese Systeme ist das Konzept der „schwachen Signale", welches eine möglichst frühzeitige Wahrnehmung auch nicht eindeutiger Risikosignale anstrebt.

Diese Signale werden geortet, erfasst und dokumentiert (Scanning) und anschließend überwacht und analysiert (Monitoring). Dabei wird versucht, Entwicklungsmuster zu erkennen, Wirkungsprognosen durchzuführen und die Chancen möglicher Reaktionsstrategien zu beurteilen. Die Gestaltung eines solchen Frühwarnsystems beinhaltet durch die Vielzahl möglicher Beobachtungsfelder eine hohe Komplexität und erfordert eine umfassende Organisation und Verankerung in unterschiedlichen Unternehmensbereichen. Durch die Heterogenität, den qualitativen Charakter und die Unsicherheit der Signale entsteht eine umfangreiche und teilweise unstrukturierte Datenbasis. Durch aktuelle Formen des Datenmanagements (Big Data) und Datenanalyse (Business Analytics, Nutzung von Techniken der künstlichen Intelligenz) kann die Qualität dieser Systeme wesentlich verbessert werden.

Operative Risiken können intern und extern bedingt sein und treten in den laufenden Geschäftsprozessen auf. Sie sind in der Regel in isolierter Betrachtung nicht krisenauslösend, können aber eine bestehende Krisensituation verstärken oder bei häufigem bzw. aggregiertem Auftreten eine Krisensituation herbeiführen. Diese Risiken lassen sich teilweise mithilfe von Kennzahlenanalysen (Abschn. 4.2) bzw. im Rahmen des Planungsprozesses der Unternehmen (Abschn. 4.3) erkennen. Eine andere Möglichkeit zur Risikoidentifikation vorwiegend operativer Risiken bieten **Checklisten** oder Fragekataloge, mit deren Hilfe man standardisiert oder unternehmensspezifisch die wesentlichen Risikogebiete überprüfen kann. Auch **Prozessanalysen,** bei denen Geschäftsprozesse nach unterschiedlichen Kriterien (z. B. Durchlaufzeiten, Engpässe, Fehlerhäufigkeiten, kritische Teilprozesse) analysiert werden, können die Identifikation operativer Risiken unterstützen.

An die Risikoidentifikation schließt sich die **Risikobewertung** bzw. Risikomessung oder Risikobeurteilung an. Das Ausmaß eines Risikos wird dabei durch drei Komponenten beeinflusst (vgl. Wolf & Runzheimer, 2003, S. 58 f.):

- **Vorhersehbarkeit eines Risikos:** Die Wahrscheinlichkeit des Risikoeintritts ist selten mathematisch-statistisch nachweisbar, sodass man auf eine subjektive Einschätzung, insbesondere bei Ereignissen mit Einmalcharakter, angewiesen ist.

- **Schadenshöhe durch Risikoeintritt:** Diese kann durch Umsatz- oder Ergebnisreduzierungen bzw. Kostensteigerungen ausgedrückt werden und ist teilweise eindeutig quantifizierbar (z. B. Forderungsausfall), oft aber nur subjektiv einschätzbar (z. B. Umsatzeinbruch durch Imageschaden).
- **Häufigkeit des Risikoauftretens:** Dies ist für mehrfach auftretende Risiken relevant (z. B. Produktionsstillstände, Lieferzeitüberschreitungen); hier lässt sich gegebenenfalls eine Häufigkeitsverteilung ermitteln oder es muss eine subjektive Einschätzung erfolgen.

Grundsätzlich kann versucht werden, eine **quantitative Risikobewertung** mit Hilfe von Wahrscheinlichkeitsverteilungen, Erwartungswerten und Risikostreuungen durchzuführen; dies ist jedoch in der Praxis aufgrund des Mangels einer statistisch relevanten Datengrundlage und der hohen Aggregationswirkungen von Risiken in der Regel eher schwierig. Beispielhafte Kennzahlen, die in diesem Zusammenhang genannt werden, sind der **Value at Risk** bzw. der **Cash Flow at Risk;** diese messen das Schadensausmaß, das mit einer vorgegebenen Wahrscheinlichkeit nicht überschritten wird (vgl. (Diederichs, 2018, S. 156 ff.).

In der Praxis, insbesondere auch in der externen Risikoberichterstattung, findet sich deshalb insbesondere bei strategisch relevanten Risiken eine **qualitative Bewertung.** Hierbei werden Risiken nach Risikogruppen kategorisiert, wobei als Klassifizierungsmerkmale unterschiedliche Kriterien, insbesondere die Eintrittswahrscheinlichkeit und die Schadenshöhe, herangezogen werden. Innerhalb der einzelnen Kriterien erfolgt eine qualitative Zuordnung, z. B. eine Klassifizierung der Schadenshöhe in die drei Ausprägungen „gering", „ernsthaft" und „bedrohlich". Will man unterschiedliche Kriterien, z. B. die Schadenshöhe und die Risikowahrscheinlichkeit, in einer Darstellung kombinieren, bietet sich als Darstellungsmittel eine **Risikomatrix** bzw. ein **Risikoportfolio** an. Dabei entstehen Risikomerkmalsklassen, denen sich passende Risikosteuerungsstrategien (z. B. regelmäßige Überwachung, Einleitung von Präventivmaßnahmen) zuordnen lassen.

An die Risikobewertung schließt sich die **Risikosteuerung** an. Da es sich hierbei überwiegend um Maßnahmen zur Vermeidung und Reduzierung von Risiken handelt, soll dieser Aspekt erst im Rahmen der Krisenprävention (Abschn. 6.1) behandelt werden.

Als Ergebnis von Risikoidentifikation und Risikobewertung liegen konkrete Risiken einschließlich einer Einordnung ihrer möglichen Auswirkungen vor. Aufgabe der Krisenfrüherkennung ist es dann, den Zusammenhang zwischen den Risiken und einer möglichen zukünftigen oder aktuellen Krisensituation im Unternehmen zu erkennen und einzuschätzen, welche Risiken eine Krise auslösen oder welche Risiken oder Risikokombinationen eine bestehende Krise verschärfen können.

4.2 Krisenerkennung und -analyse durch Kennzahlen und Reporting

Eine zentrale Quelle zur Erkennung krisenhafter Entwicklungen sind Kennzahlen, die sich im unternehmensweiten Berichtswesen oder Reporting wiederfinden. Nachfolgend werden nach einer Einordnung des Zusammenhangs von Reporting und Kennzahlen die einzelnen Kennzahlentypen auf ihre Möglichkeiten zur Krisenerkennung und Krisenanalyse untersucht.

4.2.1 Einordnung von Reporting und Kennzahlen

Unter dem betrieblichen **Reporting** im weitesten Sinne versteht Schön „die Bedarfsermittlung, Beschaffung, Aufbereitung, Bereitstellung, Nutzung und Analyse aller steuerungs- und entscheidungsrelevanten Informationen des Betriebs und seiner Umwelt für externe und interne Adressaten des Unternehmens in Form von Berichten, wobei diese idealerweise adressatengerecht gebündelt und in einem Reportingsystem aufbereitet werden" (Schön, 2018, S. 18).

Das Reporting kann nach verschiedenen Kriterien systematisiert werden; eine wichtige Betrachtungssicht stellen die Adressaten bzw. Informationsnutzer dar. So kann sich das Reporting grundsätzlich an interne und externe Informationsnutzer richten. Bei den internen Informationsnutzern wird teilweise nochmals zwischen Nutzern mit Führungsaufgaben und Nutzern mit Ausführungsaufgaben (z. B. Mitarbeiter) unterschieden (vgl. Taschner, 2013, S. 36). Wird das Reporting zum Zweck der Unternehmenssteuerung und zur Durchführung von Führungsaufgaben eingesetzt, spricht man auch von **Management Reporting.** Das **externe Reporting** richtet sich an Interessengruppen außerhalb des Unternehmens, die mit dem Unternehmen in unterschiedlicher Form in Verbindung stehen und bestimmte Ansprüche, Erwartungen oder Informationsrechte gegenüber dem Unternehmen haben. Hierzu zählen in erster Linie die bereits vorgestellten Stakeholder, wie die Investoren (Eigenkapitalgeber), Banken und andere Fremdkapitalgeber, Geschäftspartner (Kunden, Lieferanten) sowie grundsätzlich auch die Medien und die interessierte Öffentlichkeit.

In engem Zusammenhang mit der Differenzierung in internes und externes Reporting steht die Unterscheidung in **freiwilliges oder verpflichtendes Reporting.** Externes Reporting, z. B. in Form des jährlichen Geschäftsberichts, beruht in weiten Teilen auf gesetzlichen oder anderen regulatorischen Berichtspflichten, die in den letzten Jahren deutlich erhöht wurden und zu einer Ausweitung des Umfangs des externen Reporting geführt haben (vgl. auch Krause, 2019, S. 52). Über die vorgeschriebenen Informationen hinaus finden sich im externen Reporting jedoch auch vielfältige weitere Informationen mit freiwilligem Charakter. Internes Reporting, insbesondere das Management Reporting, besitzt grundsätzlich freiwilligen Charakter und umfasst auch zusätzliche, für Unternehmensentscheidungen relevante Detailinformationen, die nicht für die Öffentlichkeit bestimmt sind.

Ein weiteres relevantes Differenzierungskriterium ergibt sich, wenn das Reporting in ein **regelmäßiges Reporting sowie ein situatives Reporting** unterteilt wird. Das übliche regelmäßige Reporting erfolgt nach einem vorgegebenen zeitlichen Rhythmus (z. B. monatlicher Management-Report, Jahresabschluss oder Quartalsberichte). Eine situationsbezogene Berichterstattung ergibt sich in der Regel bei bedeutenden Unternehmensveränderungen, wie z. B. Neuakquisitionen oder Krisensituationen, und kann alle Adressatengruppen betreffen. So ist beispielsweise ein **Krisen-Reporting** sowohl für das Management, für die Mitarbeiter und Mitarbeitervertretungen wie auch für die betroffenen externen Stakeholder von Bedeutung.

Zentrales Informationselement im Reporting sind Kennzahlen. **Kennzahlen bzw. Performance Indikatoren** sollen quantitativ erfassbare Sachverhalte in konzentrierter Form erfassen (vgl. Reichmann et al., 2017, S. 39). In Literatur und Praxis findet sich ein sehr vielfältiges, heterogenes Spektrum möglicher Kennzahlausprägungen. Die Herausforderung besteht letztendlich darin, die passenden Kennzahlen zu den Informationsinteressen der Adressaten des Reporting auszuwählen; dies gilt letztendlich auch für die Analyse von Krisensituationen.

Kennzahlen lassen sich nach vielfältigen Aspekten einteilen. Für die Problematik der Krisenfrüherkennung sind insbesondere die Klassifizierung nach dem Kennzahlentyp, der Dimension der Kennzahl und den Möglichkeiten zur Reaktion auf die Kennzahlentwicklung relevant. So lassen sich bezüglich des Kennzahlentyps zeitpunktbezogene bzw. statische **Bestandsgrößen** und zeitraumbezogene, dynamische bzw. entwicklungsbezogene **Strömungsgrößen** unterscheiden. Hinsichtlich der Dimension der Kennzahl kann zwischen **monetären** Kennzahlen (Finanzkennzahlen) und **nicht monetären** Kennzahlen unterschiedlichster Ausrichtung unterschieden werden. **Frühindikatoren** lassen noch eher Möglichkeiten zur Reaktion auf die Kennzahlentwicklung zu, während **Spätindikatoren** Sachverhalte beschreiben, die kaum oder nicht mehr beeinflussbar sind.

Monetäre Kennzahlen bzw. Finanzkennzahlen basieren weitestgehend auf den zentralen unternehmensbezogenen Auswertungen Bilanz, Ergebnisrechnung (Gewinn- und Verlustrechnung) sowie Kapitalflussrechnung (Cash-Flow-Rechnung), die auch im externen Reporting dargestellt werden. Sie ermöglichen im Wesentlichen eine Analyse der folgenden Unternehmenssichten:

- **Vermögens- und Kapitalstruktur** (Bilanzanalyse),
- **Ergebnis bzw. Rentabilität** (Gewinn bzw. Vermögensveränderung),
- **Liquidität** (Entwicklung des Finanzmittelbestands und der Zahlungsfähigkeit).

Statische Vermögens- und Kapitalstrukturkennzahlen (z. B. Liquiditäts- und Verschuldungsgrade) geben einen stichtagsbezogenen Einblick in die Unternehmenssituation. Ihre Bedeutung, speziell auch im

Hinblick auf die Beurteilung einer vorliegenden Krisensituation, ist in hohem Maße von ihrer Aktualität bzw. einer regelmäßigen Überwachung abhängig, was insbesondere bei einer externen Analyse schwierig ist. **Ergebnis- und liquiditätsbezogene Strömungsgrößen** stellen Entwicklungen bzw. Veränderungen im Zeitablauf dar und sind deshalb eher geeignet, einen eventuellen Krisenfortschritt zu beschreiben. In Bezug auf die vorhandenen Reaktionsmöglichkeiten sind Finanzkennzahlen insgesamt eher Spätindikatoren, da sie letztendlich erst berichtet werden, wenn die dazu erforderlichen Transaktionen (z. B. Auftragsabwicklung, Fakturierung) abgeschlossen und der Berichtszeitpunkt (z. B. Monatsende) erreicht ist.

4.2.2 Krisenerkennung mit Ergebniskennzahlen

Die Erkennung und Bewertung einer **Ergebniskrise** ist durch eine Analyse von **Ergebniskennzahlen** möglich; diese können in absolute Kennzahlen und relative Kennzahlen (Rentabilitätskennzahlen) differenziert werden.

Absolute Ergebniskennzahlen haben in Bezug auf die Beurteilung und Analyse einer Krisenentwicklung eine unterschiedliche Aussagefähigkeit (vgl. Zell, 2008, S. 146 f.).

Der **Jahresüberschuss/-fehlbetrag (Net Profit)** drückt den Gewinn bzw. Verlust aus der gesamten Unternehmenstätigkeit einer Periode aus Sicht der Eigenkapitalgeber aus. Die Vielzahl unterschiedlicher Einflussgrößen (Finanzergebnis, Steuern, außerordentliche Effekte) auf das Ergebnis erschwert dabei eine Krisenanalyse.

Durch Berücksichtigung von Gewinn-Zwischenstufen mit der Zielsetzung der Verbesserung einer Aussagefähigkeit aus unterschiedlichen Stakeholder-Sichten entstehen allgemein bekannte und global verwendete Kennzahlendefinitionen („Pro Forma"-Kennzahlen, Alternative Performance Measures). Die diesbezüglich wichtigsten Kennzahlen sind:

- **EBIT (Earnings Before Interest and Taxes):** Betriebsbezogenes Ergebnis ohne Effekte aus unterschiedlicher Finanzierung durch Eigen- und Fremdkapital sowie aus unterschiedlicher Besteuerung; das EBIT dient somit zur Messung der operativen Leistungsfähigkeit.

- **EBITDA (Earnings Before Interest, Taxes, Depreciation and Amortisation):** Zusätzliche Eliminierung von Effekten, die sich aus Abschreibungsverfahren und unterschiedlicher Struktur des Anlagevermögens ergeben; damit entsteht eine Cash-Flow-nahe Kennzahl.
- **Adjusted EBIT bzw. EBITDA:** Weitere unternehmensindividuelle Bereinigung von EBIT und EBITDA um einmalige, ungewöhnliche und/oder außerbetriebliche Ereignisse, wie z. B. Rechtsangelegenheiten oder komplexe Restrukturierungsmaßnahmen (vgl. Sandt & Rasuli, 2022, S. 70 ff.).

Diese Kennzahlen erlauben durch den Ausschluss von Besteuerungs- und Finanzierungsaspekten sowie weiteren Bewertungseffekten eine etwas aussagefähigere Beurteilung, die aber in der Regel für eine weitere Krisenanalyse nicht ausreicht. Für eine tiefere Krisenanalyse muss das Ergebnis in weitere Analysesichten (Produktbereiche oder andere Unternehmenssegmente) aufgespalten werden.

Rentabilitätskennzahlen sind Relativkennzahlen als Maß zur Beurteilung der Gewinnsituation, die sich durch das Verhältnis einer Gewinn- bzw. Ergebnisgröße zu einer wesentlichen Einflussgröße ergeben. In Literatur und Praxis existieren einige Standard-Rentabilitätskennzahlen; daneben gibt es zahlreiche individuelle Ausprägungen im Reporting der Unternehmen. Rentabilitätskennzahlen sind sehr beliebt in der externen Analyse wie auch im internen Controlling, da sie durch die relative Darstellung (Werte in %) intuitiv gut nachvollziehbar und verständlich sind sowie auch Vergleiche mit anderen Unternehmensbereichen oder anderen Unternehmen ermöglichen. Die beiden grundsätzlichen Ausprägungsrichtungen von Rentabilitäten sind die **Kapitalrentabilität** als Rendite des eingesetzten Kapitals bzw. Vermögens und die **Umsatzrentabilität** als Rendite des erzielten Umsatzes (Gewinnspanne).

Die Kapitalrentabilität tritt wiederum in mehreren Ausprägungen auf, die auf einer unterschiedlichen Berücksichtigung und Gestaltung der einfließenden Basiskennzahlen beruhen:

- Die **Eigenkapitalrentabilität** als Verzinsung des eingesetzten Eigenkapitals auf Basis von Buchwerten,

- Die **Aktienrentabilität** als Verzinsung des Kapitaleinsatzes eines Investors bei einer Aktiengesellschaft,
- Die **Gesamtkapitalrentabilität** als Verzinsung des eingesetzten Gesamtkapitals bzw. des Gesamtvermögens auf Basis von (gegebenenfalls angepassten) Buchwerten.

Derzeit in den Unternehmen weit verbreitete Varianten der Gesamtkapitalrentabilität sind der **Return on Capital Employed (ROCE)** sowie der vergleichbare **Return on Net Assets (RONA)**. Zielsetzung dieser Kennzahlen ist es, die Effizienz des tatsächlich benötigten, entgeltlich erworbenen Kapitals zu ermitteln, indem eine Gewinngröße (EBIT, EBIT nach Steuern oder Adjusted EBIT) durch ein um das nicht zinstragende Fremdkapital bereinigtes Kapital bzw. Vermögen dividiert wird. In der Praxis existieren viele Varianten mit weiteren Anpassungen bei Ergebnis bzw. Kapital oder Vermögen; dadurch ist das Verständnis und die Vergleichbarkeit erschwert. Ein weiterer Nachteil, der grundsätzlich für alle Ausprägungen der Kapitalrentabilität gilt, ist die Schwierigkeit der Aufspaltung von Kapitalrentabilitäten nach Analysesegmenten, da die Kapitalkomponente nicht oder nur schwierig nach Segmenten, wie z. B. Produktbereichen, differenziert werden kann.

Die **Umsatzrentabilität** stellt den prozentualen Gewinnanteil (Gewinnspanne) am Gesamtumsatz dar; als Gewinn kann der EBIT oder auch andere Gewinngrößen verwendet werden. Sie lässt sich für das gesamte Unternehmen oder auch differenziert für einzelne Produktbereiche und Produkte oder andere Segmentierungskriterien ermitteln. Die Umsatzrentabilität kann branchenspezifisch sehr unterschiedlich sein und ist deshalb nur schwer pauschal zu beurteilen. Innerhalb einer Branche deutet eine vergleichsweise niedrige Umsatzrentabilität auf eine geringe Marktmacht und damit auf eine strategische und möglicherweise auch operative Krise hin. Insgesamt ist es für eine vollständige Betrachtung sinnvoll, Umsatz- und Kapitalrentabilität im Zusammenhang zu analysieren.

Insgesamt lässt sich in Bezug auf die Möglichkeiten zur Krisenerkennung festhalten, dass die Aussagefähigkeit von Rentabilitätskennzahlen ähnlich zu sehen ist wie die der zugehörigen absoluten Ergebniskennzahlen. Durch die vorliegende Relativierung wird jedoch eher ein zeitbezogener oder unternehmensübergreifender Vergleich und damit eine Einordnung der Entwicklung im Zeitablauf bzw. gegenüber vergleichbaren Unternehmen und Wettbewerbern ermöglicht.

4.2.3 Krisenerkennung mit Liquiditätskennzahlen

Während die negative Entwicklung von Ergebniskennzahlen neben dem Anzeigen einer Ergebniskrise auch schon Hinweise auf drohende Liquiditätsprobleme geben kann, dient die Analyse von **Liquiditätskennzahlen** in erster Linie dem Erkennen und der Beurteilung einer **Liquiditätskrise** bis hin zur Feststellung einer drohenden oder tatsächlich vorliegenden **Insolvenz.** Neben den Liquiditätsauswirkungen eines negativen operativen Ergebnisses können auch unerwartet eintretende Zahlungsverpflichtungen oder Einzahlungsausfälle, die nicht zwingend aus der Ergebnisentwicklung ableitbar sind, zu einer massiven Verschlechterung der finanziellen Situation führen.

In Literatur und Praxis liegen eine große Zahl möglicher Liquiditätskennzahlen vor (vgl. Krause, 2019, S. 211 ff.). Auch bei der Betrachtung der Liquidität lassen sich absolute und relative Kennzahlen unterscheiden; hier soll jedoch in erster Linie eine grundsätzliche Differenzierung in statische und dynamische Liquiditätskennzahlen auf Basis von Bestands- bzw. Strömungsgrößen getroffen werden (vgl. Zell, 2008, S. 144 f.).

Eine statische **Finanzierungs- oder Kapitalstrukturanalyse** fokussiert auf den relativen Anteil bestimmter Kapitalkomponenten und gibt Hinweise auf eine eventuelle negative oder kritische Entwicklung der Eigenkapitalfinanzierung bzw. auf die Gefahr einer zu hohen Verschuldung bis hin zur Überschuldung als Insolvenzgrund. Hier können auch branchenbezogene Vergleichsgrößen, z. B. zur Eigenkapitalquote, zur Beurteilung hilfreich sein.

Statische Liquiditätskennzahlen erfassen den Zusammenhang von Vermögen und Finanzierung bzw. Kapital. Die verschiedenen **Liquiditätsgrade** zeigen das Verhältnis zwischen unterschiedlich liquidierbaren Vermögensbestandteilen des Umlaufvermögens und den kurzfristigen Verbindlichkeiten. Sie sollen Rückschlüsse darauf ermöglichen, ob und wie die kurzfristigen Verbindlichkeiten aus dem Zahlungsmittelbestand oder dem kurzfristigen Umlaufvermögen (z. B. Forderungen, Vorräte) beglichen werden können. **Deckungsgrade** zeigen die Absicherung von Vermögenskomponenten durch unterschiedliche Kapitalkomponenten oder Fristigkeiten (z. B. die Absicherung des Anlagevermögens durch langfristig verfügbares Kapital).

Die statischen Kapitalstruktur- und Liquiditätskennzahlen lassen sich im Regelfall im Rahmen einer externen Bilanzanalyse ermitteln. In Bezug auf eine Krisenerkennung weisen sie jedoch das Problem einer hohen Informationsaggregation mit schwieriger Ursachenbeurteilung sowie der beschränkten Aktualität durch den zeitlichen Verzug zwischen Berichts-Stichtag und Berichtserscheinen auf und sind somit nur von beschränktem Nutzen.

Ein verbessertes Bild über die finanzielle Situation kann durch **dynamische Liquiditätsanalysen**, bei denen die Entwicklung von Ein- und Auszahlungsströmen im Zeitablauf dargestellt wird, gewonnen werden. Im Rahmen einer **Kapitalflussrechnung** lassen sich wichtige Erkenntnisse über die erwirtschafteten und zur Verfügung stehenden Finanzmittel und die Auswirkungen von Investitionstätigkeiten und Finanzierungsmaßnahmen gewinnen. Eine zentrale Größe zur Beurteilung der Finanzkraft stellt der **Cash Flow** dar, der als Veränderung des Finanzmittelbestandes des Unternehmens verstanden und auf drei wesentliche Ursachenkomplexe zurückgeführt werden kann. Abb. 4.2 zeigt den grundsätzlichen Aufbau einer Cash Flow-Analyse und ergänzt die betrachteten Cash Flow-Bereiche um Beispiele, die zu einer krisenhaften Entwicklung der Liquiditätssituation führen können.

Der **operative Cash Flow** zeigt die Zahlungsüberschüsse aus der laufenden Geschäftstätigkeit, insbesondere aus Umsatzerlösen und laufenden zahlungswirksamen Aufwendungen bzw. Kosten. Ein rückläufiger bzw. ein niedriger operativer Cash Flow stellt ein Krisensignal dar, da aus dem operativen Cash Flow auch noch notwendige Investitionen finanziert sowie gegebenenfalls Kredite zurückgezahlt werden müssen. Ein deutlich negativer **Investitions-Cash Flow** stellt grundsätzlich kein Problem dar, wenn er eine sinnvolle Investitionstätigkeit signalisiert, kann jedoch in einer finanziell angespannten Situation aufgrund der damit einhergehenden Zahlungsverpflichtungen zu Liquiditätsproblemen führen. Der **Finanzierungs-Cash Flow** bezieht sich auf den Zah-

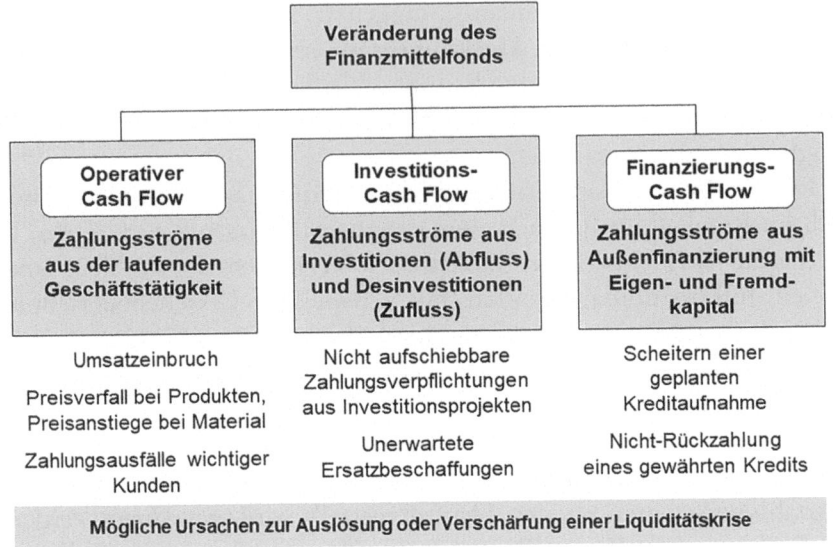

Abb. 4.2 Cash Flow-Analyse mit möglichen Krisenursachen

lungsverkehr aus Finanzierungsaktivitäten; hier ist bezüglich der Liquiditätssituation insbesondere auf größere Zahlungsverpflichtungen, z. B. Kreditrückzahlungen, zu achten.

Die dargestellte Cash Flow-Analyse stellt ein wirksames Instrument zur Krisenerkennung im Hinblick auf Liquiditäts- und auch Ergebniskrisen dar. Die Zerlegung in operative Geschäftstätigkeit, zukunftsbezogene Investitionen und in Finanzierungsaspekte ermöglicht eine erste Ursachenanalyse, die auch bei externer Betrachtung bereits recht aufschlussreich sein kann. Bei einer internen Betrachtung kann die Darstellung beliebig zeitlich verfeinert werden und durch eine vorausschauende Liquiditätsplanung ergänzt werden, um eine potenzielle Insolvenzgefahr rechtzeitig zu erkennen.

Über die aufgeführten Kennzahlen zur statischen und dynamischen Liquiditätsanalyse hinaus existieren noch weitere liquiditätsbezogene Kennzahlen, die auf einer Verbindung von Bestands- und Strömungsgrößen beruhen und die Krisenursachenanalyse unterstützen können. Dazu gehören z. B. (vgl. Krause, 2019, S. 231 f.):

- Der **dynamische Verschuldungsgrad** (Netto-Schulden dividiert durch operativen Cash Flow),
- **Zins- bzw. Schuldendeckungsgrad** (Cash Flow dividiert durch Zahlungen für Zinsen bzw. Kredittilgung),
- **Debitoren- und Kreditoren-Laufzeiten** (durchschnittliche Zahlungsdauern bei Forderungen und Verbindlichkeiten).

Praxisbeispiel

Das folgende Beispiel (Abb. 4.3) zeigt eine Cash Flow- bzw. Liquiditätsplanung auf Quartalsbasis, hier als Forecast-Rechnung zum Zeitpunkt des Endes des zweiten Quartals, für einen anonymisierten Automobilzulieferer in der Wirtschaftskrise 2009. Es verdeutlicht, wie durch einen nachfragebedingten Umsatzrückgang in Verbindung mit bestehenden Zahlungsverpflichtungen eine finanzielle Krise entstehen kann.

Im Beispiel wird davon ausgegangen, dass dem Unternehmen ein kurzfristiger Dispositionskredit von 5 Mio € (Kreditlinie) zur Verfügung steht. Der negative Zahlungsmittelbestand (Cash Balance) kann in den ersten drei Quartalen noch über den vorhandenen Dispositionskredit aufgefangen werden. Im vierten Quartal tritt jedoch ein gravierendes Liquiditätsproblem auf, das insbesondere durch den rückläufigen Cash Flow aus operativer Tätigkeit verursacht wird und auf stark zurückgehende Umsätze bei nur teilweise anpassbaren Kostenstrukturen, insbesondere nicht angepassten Personalkosten, zurückgeführt werden kann. Die Situation wird zusätzlich durch absehbare Zahlungsverpflichtungen für Investitionen und Kreditrückzahlung verschärft, sodass sich zum Betrachtungszeitpunkt des Forecasts eine bedrohliche Liquiditätskrise einschließlich Insolvenzgefahr in den Folgequartalen abzeichnet.

4.2.4 Krisenerkennung mit nicht monetären Kennzahlen

Monetäre Kennzahlen, speziell Kennzahlen zur Ergebnis- und Liquiditätssituation, dominieren seit langem das unternehmensinterne und -externe Reporting. Mit zunehmender Entwicklung alternativer Ansätze zum **Performance Management** werden jedoch finanzielle Kennzahlen auch kritisch betrachtet (vgl. Zell, 2008, S. 166). Aufgrund ihres überwiegenden Charakters als Spätindikatoren sind sie für eine Krisenfrüherkennung wenig geeignet, sondern bestätigen eher einen bereits reali-

alle Werte in T €	Quartal 1	Quartal 2	Quartal 3	Quartal 4
Laufende Einzahlungen	**46.860**	**45.430**	**40.600**	**38.020**
Umsätze	45.640	44.320	39.450	36.680
Sonstiges	1.220	1.110	1.150	1.340
Laufende Auszahlungen	**-42.570**	**-40.950**	**-39.160**	**-37.260**
Lieferanten (Material)	-27.020	-25.030	-23.600	-20.560
Lohn/Gehalt	-14.050	-14.200	-13.940	-15.200
Sonstige laufende Auszahlungen	-200	-380	-260	-240
Steuern	-420	-420	-420	-420
Zinsen	-880	-920	-940	-840
Cash Flow operative Geschäftstätigkeit	**4.290**	**4.480**	**1.440**	**760**
Cash Flow aus Investitionen	**-4.300**	**-2.900**	**-2.500**	**-5.000**
Auszahlungen für Investitionen	-4.500	-3.200	-2.900	-5.200
Einzahlungen aus Desinvestitionen	200	300	400	200
Free Cash Flow	**-10**	**1.580**	**-1.060**	**-4.240**
Cash Flow aus Finanzierung	**1.000**	**0**	**0**	**-2.500**
Darlehensrückzahlung an Bank	0	0	0	-2.500
Darlehensgewährung durch Bank	1.000	0	0	0
Veränderung Cash Balance	**990**	**1.580**	**-1.060**	**-6.740**
Cash Balance Beginn	**-4.400**	**-3.410**	**-1.830**	**-2.890**
Cash Balance Ende	**-3.410**	**-1.830**	**-2.890**	**-9.630**
Kreditlinie	**-5.000**	**-5.000**	**-5.000**	**-5.000**
Finanzieller Spielraum	**1.590**	**3.170**	**2.110**	**-4.630**

Abb. 4.3 Beispielhafte Cash Flow- bzw. Liquiditätsplanung

sierten Krisenfortschritt. Aktuelle Konzepte zum Performance Management beziehen deshalb neben monetären Größen auch in hohem Maße **nicht-monetäre Kennzahlen** unterschiedlicher Dimensionen (z. B. Mengen, Zeiten, Auslastungsgrade, qualitative Bewertungen) mit ein. Häufig können diese Kennzahlen als Frühindikatoren für sich entwickelnde Krisensituationen dienen. Wichtige Kennzahlenkategorien sind diesbezüglich:

- **Prozessorientierte Kennzahlen** (z. B. Durchlaufzeiten, Lieferzeiten, Kapazitätsauslastungen, Störungen); sie liefern Hinweise auf Schwachstellen in den Geschäftsprozessen, die sich gegebenenfalls nachteilig auf die Geschäftsentwicklung auswirken oder zu Gefährdungen führen können.
- **Kennzahlen zum Online-Marketing und zur Social-Media-Analyse** (z. B. Click-Rates, Conversion-Rates, Präsenz in unterschiedlichen Medien, Kundenbewertungen); sie geben wichtige Hinweise auf die Entwicklung der Außenwahrnehmung und können ein Indika-

tor für Umsatzrisiken und auch für strategische Risiken in Bezug auf Marktpräsenz und Digitalisierungsfortschritt sein.

- **Kennzahlen zur ökologischen und sozialen Nachhaltigkeit** (z. B. CO_2-Ausstoß, Energieverbrauch, Mitarbeiterentwicklung); diese gewinnen, auch durch aktuelle Gesetze und Normen zur externen Berichtspflicht, immer mehr an Bedeutung. Aktuelle Verfehlungen (z. B. Umweltverstöße, Menschenrechtsverletzungen) können kurzfristig Krisen auslösen; zudem signalisieren die Kennzahlen auch mögliche Krisenpotenziale, wenn der Nachhaltigkeitsprozess im Unternehmen nicht hinreichend vorangetrieben wird.

4.2.5 Krisenanalyse auf Basis von Kennzahlen und Kennzahlensystemen

Der Aussage- bzw. Analysegehalt von Kennzahlen zur Krisenerkennung lässt sich weiter verbessern, wenn bestimmte Techniken zur Abweichungs-, Entwicklungs-, Struktur- und Ursachenanalyse angewendet werden.

Ein wichtiges Instrument zur Krisenerkennung und Krisenanalyse sind **Abweichungsanalysen**. Abweichungen ergeben sich aus der Differenz zwischen einem Istwert und einen Vergleichs- oder Zielwert. Eine Darstellung und eine Bewertung der Aussagefähigkeit unterschiedlicher Vergleichskategorien ergibt sich aus Abb. 4.4.

Aus **Vergleichen mit Vorperioden** bzw. durch eine Zeitreihenanalyse lässt sich der Fortschritt betrachteter Krisenindikatoren ermitteln; durch eine enge Taktung der Berichtszeitpunkte (z. B. monatliche oder wöchentliche Berichterstattung) kann die Analyse verfeinert werden. Dabei ist darauf zu achten, dass sich Verzerrungen durch unterschiedliche Unternehmensstrukturen im Zeitablauf, saisonale Effekte oder unregelmäßige Ausreißer ergeben können, die entsprechend bereinigt werden müssen. **Vergleiche mit Plan- oder Sollwerten** geben aufgrund ihres Vorgabecharakters wichtige Hinweise auf Zielverfehlungen, jedoch ist immer zu prüfen, ob die Planung realistisch ist oder ob nicht, wie z. B. bei globalen Krisensituationen, die Planwerte nicht mehr für eine Bewertung der Leistungsfähigkeit des Unternehmens geeignet sind. **Ver-**

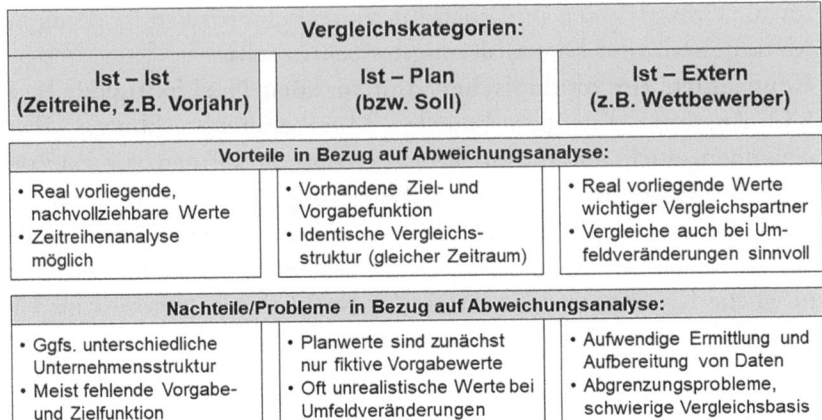

Abb. 4.4 Bewertung von Vergleichskategorien bei der Abweichungsanalyse

gleiche mit externen Größen, z. B. Benchmarking-Partnern, Wettbewerbern oder Branchendurchschnitten, sind aufgrund unternehmensbezogener Unterschiede oft schwer abgrenzbar, ermöglichen aber eine gute Einordnung der eigenen Krisensituation, da Umfeldveränderungen und Entwicklungen in der Regel alle Unternehmen einer Branche betreffen. Da nicht jede Abweichung auch eine krisenhafte Entwicklung bedeutet, kann mithilfe von **Toleranzgrenzen** (z. B. vorgegebene absolute oder relative Abweichung) bestimmt werden, wann eine krisenbezogene Relevanz besteht.

Ist eine Abweichung mit Krisenrelevanz identifiziert, kann versucht werden, mithilfe unterschiedlicher Verfahren eine **Ursachenanalyse** durchzuführen. Dabei taucht das Problem auf, dass häufig mehrere Ursachen (z. B. interne und externe Einflussgrößen) zusammenwirken und eine Abgrenzung der Effekte schwierig ist. Insbesondere bei operativen Krisen, für die differenzierte Kennzahlen vorliegen, lassen sich nähere Erkenntnisse gewinnen, wenn die Kennzahlen nach unterschiedlichen Sichten aufgespalten werden, wie hier am Beispiel von Ergebniskennzahlen verdeutlicht wird:

- Aufspaltung nach **Analysesegmenten,** z. B. Ergebnis nach Produkten (Profit Center), Regionen, Vertriebswegen oder anderen Kriterien,

- Aufspaltung in **Ergebnisstufen** nach zeitlicher und ursachenbezogener Beeinflussbarkeit, in der Regel durch Ausweis eines Deckungsbeitrags (Umsatz minus variable Kosten) oder mehrstufiger Deckungsbeiträge,
- Aufspaltung nach **Ertrags- und Kostenkomponenten,** z. B. Analyse der einzelnen einfließenden Aufwands- und Kostenarten oder Kostenbereiche (Kostenintensitäten).

Aus einer differenzierten Abweichungsanalyse lassen sich unterschiedliche ursachenbezogene Krisentypen ableiten. So kann eine segmentbedingte Krise vorliegen, wenn z. B. ein wichtiger Kunde abspringt oder der Umsatz in einer bestimmten Region oder einem Produktbereich einbricht. Eine Strukturkrise oder anpassungsbedingte Krise liegt z. B. bei einer unzureichenden Anpassung von Fixkosten bzw. Unternehmensstrukturen an einen Umsatzrückgang vor. Von einer ressourcenbedingten Krise kann gesprochen werden, wenn z. B. ein starker Kostenanstieg bei wichtigen Rohstoffen, Energie oder sonstigen benötigten Ressourcen festzustellen ist.

Eine noch tiefere Ursachenanalyse ergibt sich, wenn monetäre Kennzahlen in weitere Komponenten mit unterschiedlicher Bedeutung und unterschiedlichen Handlungsoptionen zur Gegensteuerung aufgespalten werden. **Mengenabweichungen** können sich auf zu wenig verkaufte Stückzahlen oder auf einen ungeplant hohen mengenmäßigen Ressourcenverbrauch (z. B. bei hohem Ausschuss) beziehen. **Preisabweichungen** entstehen durch Preisschwankungen auf der Umsatzseite, z. B. Preisverfall durch intensiven Wettbewerb, wie auch auf der Ressourcenseite, z. B. durch ansteigende Material- und Energiepreise. **Wechselkursabweichungen** schlagen negativ zu Buche, wenn z. B. Materialbeschaffungen durch eine ungünstige Wechselkursentwicklung erheblich verteuert werden.

Die bisher dargestellten monetären und nicht monetären Kennzahlen können isoliert betrachtet und analysiert werden, jedoch ergibt sich ein größerer Erkenntnisgewinn erst durch die Analyse von Beziehungen, Abhängigkeiten und Wirkungszusammenhängen zwischen den Kennzahlen. Solche Zusammenhänge können in **Kennzahlensystemen oder Performance Management-Systemen** abgebildet werden (vgl. Reichmann et al., 2017, S. 82 f.). Bekannte aktuelle Ausprägungen dieser Systeme sind die Balanced Scorecard (vgl. Kaplan & Norton, 1997) sowie die Abbildung von Werttreiberhierarchien (vgl. Weber et al., 2004, S. 107 f.). Die in diesen Kennzahlensystemen dargestellten Beziehungen basieren in der Regel auf Annahmen bzw. Hypothesen bezüglich der Wirkungszusammenhänge zwischen Kennzahlen oder damit verbundenen Unternehmenszielen und beruhen weitestgehend auf subjektiven Einschätzungen und Erfahrungen des Managements. Die identifizierten Wirkungszusammenhänge eignen sich gut zur Krisenursachenanalyse, da die Auswirkungen von Frühindikatoren der strategischen oder frühen operativen Krisenphasen auf die Spätindikatoren der Ergebnis- und Liquiditätskrisenphasen transparent werden. Abb. 4.5 verdeutlicht beispielhaft eine mögliche Krisenentwicklung entlang der in der **Balanced Scorecard** zugrunde liegenden Betrachtungsperspektiven und der vorhandenen Krisenphasen.

Die in der Balanced Scorecard abgebildete Lern- und Entwicklungsperspektive legt den Fokus auf die langfristigen, strategischen Potenziale eines Unternehmens (z. B. Mitarbeiter, IT- und Digitalisierungsstrategie). In der Prozessperspektive werden potenzielle Störungen und Schwachstellen der operativen Geschäftsprozesse deutlich, die sich auf die Kundenperspektive auswirken und bei entsprechender Verschärfung und Aggregation von Risiken zu einer Ergebnis- und Liquiditätskrise

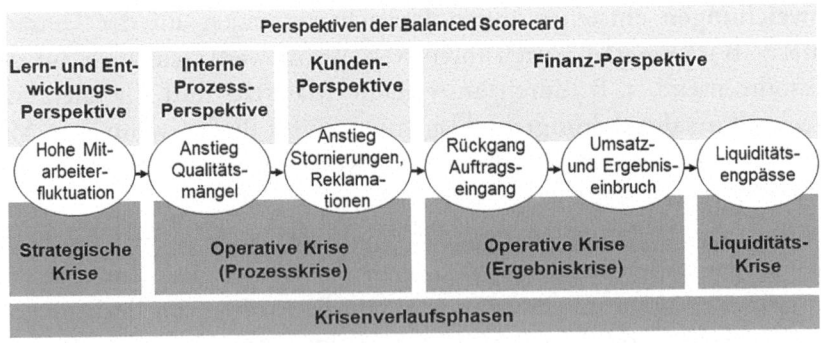

Abb. 4.5 Ableitung einer Krisenentwicklung anhand der Balanced Scorecard

entwickeln können, die in der Finanzperspektive der Balanced Scorecard erkennbar wird.

Auch das Konzept der **Werttreiberhierarchien** lässt sich sinnvoll mit den Krisenverlaufsphasen verbinden, wie aus Abb. 4.6 ersichtlich wird.

Werttreiberhierarchien stellen die Beziehungen und Wirkungsrichtungen von Werttreibern und deren Auswirkungen auf wertorientierte Spitzenkennzahlen, wie z. B. den Economic Value Added oder den Free Cash Flow bzw. Discounted Cash Flow, dar. Dabei kann eine Systematisierung in externe, strategische und operative Werttreiber erfolgen. Externe Werttreiber beziehen sich auf wenig beeinflussbare, in der Regel extern gesteuerte Entwicklungen, und können potenzielle, strategische und auch operative Krisenherde signalisieren. Strategische Werttreiber beziehen sich auf langfristige Entwicklungen (z. B. Technologiewandel, Veränderungen Kundenwünsche), auf die das Unternehmen vorausschauend reagieren sollte. Operative Werttreiber sind weitestgehend beeinflussbare Ereignisse und Aktivitäten des laufenden Geschäfts, die sich unmittelbar auf die Wertkennzahlen inklusive deren ergebnis- und liquiditätswirksame Komponenten auswirken.

Aktuell ist eine Entwicklung zu beobachten, die dahin geht, den Verlauf und die Zusammenhänge zwischen Kennzahlen mit Hilfe **statistischer Verfahren** (z. B. Zeitreihen- oder Kausalanalysen) sowie Metho-

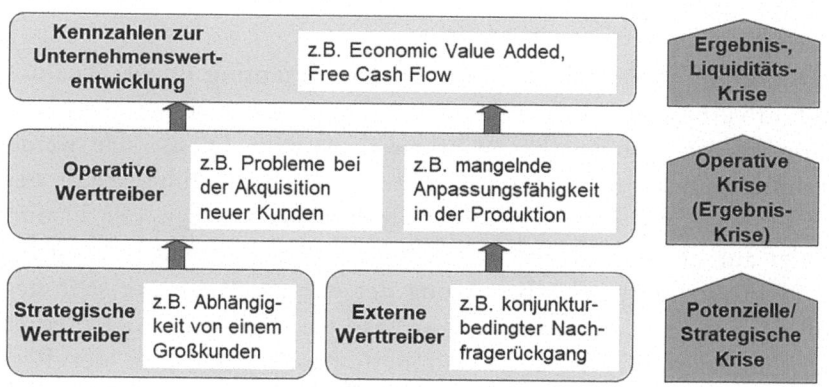

Abb. 4.6 Krisenentwicklung am Beispiel von Werttreiberhierarchien

den der **künstlichen Intelligenz** (z. B. Mustererkennung) zu analysieren und damit eine auch mathematisch bzw. logisch fundierte Basis für
Ursachenanalysen und zukunftsorientierte Entwicklungsprognosen zu
schaffen (vgl. Nobach et al., 2020, S. 56 f.). Dadurch entsteht ein zu-
sätzliches Potenzial für eine zeitnahe Analyse von Krisensituationen.

4.3   Krisenerkennung und Krisenanalyse durch Planungs- und Forecasting-Systeme

Bei der Betrachtung von Kennzahlen als Risiko- bzw. Krisenindikatoren
im Rahmen des Unternehmens-Reporting erfolgte zunächst eine rück-
wärtsbezogene Sicht, die einen wahrgenommenen Fortschritt der Krise
zeigt und gegebenenfalls Hinweise auf die zugrunde liegenden Krisenursachen gibt. Im Sinne einer frühzeitigen Krisenerkennung und Verhinderung einer weiteren Kriseneskalation ist jedoch nicht nur eine ver-
gangene bzw. aktuelle, sondern auch eine vorausschauende Betrachtung
durch geeignete Planungs- und Prognoseinstrumente wichtig. Diesbezüglich besitzen die Unternehmen in der Regel folgende Werkzeuge:

- Eine strategische Planung,
- Eine operative Planung und Budgetierung,
- Ein regelmäßiges oder situatives Forecasting.

Zielsetzung und Aufgabe der **strategischen Planung** ist die Schaffung
und Erhaltung von Erfolgspotenzialen, z. B. einer starken Marktposition oder technologischer Wettbewerbsvorteile. Diese Ziele werden
mithilfe grundsätzlicher Strategien, wie z. B. Kostenführerschaft oder
der Entwicklung innovativer Geschäftsmodelle, verfolgt. Die Planung
erfolgt auf Ebene strategischer Geschäftseinheiten (Profit Center) und
ist in Ergänzung zu der Bewertung der eigenen Potenziale sehr stark
auf eine intensive Betrachtung von Märkten, Kunden und Unternehmensumfeld fokussiert. Der Planungshorizont umfasst in der Regel
ca. 5 Jahre, die Planung erfolgt meist rollierend mit jährlicher Aktuali-
sierung.

Eine wesentliche Zielsetzung der strategischen Unternehmensplanung ist die Krisenprävention bzw. frühzeitige Bewältigung strategischer Krisen. Aus diesem Grund findet sich auch in vielen Instrumenten und Analysen der strategischen Planung der Risiko- oder Krisenaspekt wieder. Neben den bereits dargestellten Instrumenten des strategischen Risikomanagements und des Einsatzes strategischer Frühwarnsysteme (Abschn. 4.1) werden an dieser Stelle beispielhaft zwei bekannte Analyseinstrumente betrachtet.

So findet im Rahmen der **SWOT-Analyse** (SWOT: Strengths, Weaknesses, Opportunities, Threats) eine kombinierte Betrachtung externer Umweltbedingungen (Chancen und Risiken) sowie des internen Leistungsvermögens (Stärken und Schwächen) statt. Insbesondere dort, wo externe Risiken auf interne Schwächen treffen, ist die Gefahr der Entstehung von Krisenherden groß. Die SWOT-Analyse bietet, wenn Risiken und insbesondere auch interne Schwächen realistisch und ehrlich eingeschätzt und entsprechende Strategien bzw. Gegenmaßnahmen rechtzeitig entwickelt und durchgeführt werden, eine gute und verständliche Grundlage zur Krisenfrüherkennung und Krisenbewältigung.

Ein weiteres strategisches Instrumentarium, das den Gedanken einer Krisenfrüherkennung unterstützt, ist die **Szenarioanalyse,** die die Prognose alternativer zukünftiger Entwicklungsrichtungen bei Veränderungen der Ausgangssituation ermöglicht. Um die Komplexität der Analyse zu reduzieren, erfolgt im Regelfall eine Beschränkung auf wenige betrachtete Szenarien, z. B. Best Case Szenario, Worst Case Szenario sowie Normal- bzw. realistisches Szenario. Die Vorteile der Szenarioanalyse liegen in der vertieften Auseinandersetzung mit den Prämissen und Einflussgrößen der aktuellen Situation des Unternehmens und der Gewinnung von Transparenz bezüglich der zukünftigen Entwicklungsrichtungen. Mögliche Krisenszenarien können abgegrenzt und geeignete Anpassungsmaßnahmen erwogen und eingeleitet werden. Dem Erkenntnisgewinn durch die Szenarioanalyse steht jedoch ein hoher Aufwand bei der Datengewinnung und der Entwicklung konsistenter Szenarien gegenüber. Die Szenarioanalyse wird beispielsweise seit längerem in der Automobil- bzw. Automobilzulieferbranche zur Prognose der Entwicklung der Elektromobilität eingesetzt. Dabei wird versucht, die langfristige Entwicklung von Fahrzeugen mit unterschiedlichen Antriebstechniken abzuschätzen und daraus entsprechende Konsequenzen für die Zukunft zu ziehen; die unterschiedlichen Szenarien ergeben sich dabei aus alternativen Annahmen bezüglich zugrunde liegender Rahmenbedingungen (z. B. Versorgung mit Ladestationen, Entwicklung Batteriepreise, Veränderung der Gesetzgebung, Entwicklung der CO_2-Grenzwerte).

Die Aufgaben der **operativen Planung** liegen in der Transformation der Zielsetzungen der strategischen Planung in konkrete Vorgaben und Maßnahmen zur Ausführung. Die Planung wird dabei auf Unternehmensbereiche (Funktionsbereiche, Abteilungen) sowie entlang der Zeitschiene heruntergebrochen, wobei in der Regel eine Jahresbetrachtung mit Differenzierung nach Monaten erfolgt. Die **langfristig operative Planung** legt den Schwerpunkt auf die Schaffung einer Infrastruktur des Unternehmens (z. B. eine Investitionsplanung bzgl. Anlagenkapazitäten und Technologie sowie eine längerfristige Personalplanung), während die kurzfristig operative Planung weitestgehend auf vorhandenen Kapazitäten und Ressourcen aufbaut und auf das aktuelle und zukünftige Produktions- und Absatzprogramm bzw. Dienstleistungsangebot fokussiert. Die aus der Planung entwickelte Vorgabe von weitestgehend monetären Planergebnissen, in der Regel auf monatlich untergliederter Jahresbasis, wird als **Budgetierung** bezeichnet. Das entwickelte Budget dient sowohl der Prognose der erwarteten bzw. angestrebten finanziellen Entwicklung wie auch zur Motivation und Verhaltenssteuerung durch Vorgabe von konkreten Leistungszielen (vgl. Weber & Schäffer, 2020, S. 81 ff.).

Die operative Planung und ihr Resultat, die „klassische" Budgetierung, werden bereits seit längerer Zeit kritisch gesehen. Es existieren eine Vielzahl von Verbesserungsansätzen, die in die Unternehmenspraxis mehr oder weniger Einzug gefunden haben (vgl. z. B. Rieg, 2015, S. 81 ff.). In Bezug auf die Erkennung und Analyse zukunftsbezogener Krisenentwicklungen sind insbesondere folgende **Kritikpunkte** zu nennen:

- Plan- bzw. Budgetwerte sind keine reinen Prognosewerte, sondern umfassen aufgrund ihres Vorgabecharakters eine subjektive Bewertungskomponente; bei hohen Zielerwartungen kann somit schnell eine Abweichung zwischen Ist und Soll und damit eine scheinbare

Krisensituation entstehen. Umgekehrt können auch zu niedrige Planansätze noch ein Gefühl der Sicherheit vermitteln, obwohl sich längst schon eine Krisensituation abzeichnet.

- Eine deterministische Planung mit vergleichsweise langem Planungshorizont (in der Regel ein Jahr) ist zu starr und unflexibel und genügt nicht mehr den Anforderungen der heutigen Zeit mit ständigen Veränderungen; insbesondere bei den derzeit feststellbaren gravierenden externen Störgrößen, wie Pandemien oder Kriege, sind Pläne bzw. Budgets binnen kurzem hinfällig und eignen sich nicht mehr für eine Krisenanalyse.

Die mangelnde zukunftsbezogene Aussagefähigkeit eines jährlichen Plans bzw. Budgets und die Notwendigkeit einer Anpassung an Veränderungen in Unternehmen und Unternehmensumfeld hat dazu geführt, dass ergänzend unterjährige, aktuelle Prognosen bzw. Hochrechnungen **(Forecasts)** der wahrscheinlichen Unternehmensentwicklung durchgeführt werden. Die Forecasts sollen einerseits eine hohe Prognosegenauigkeit aufweisen, andererseits aber auch eine Motivationsfunktion im Sinne von Vorgaben zur Zielerreichung beibehalten, was möglicherweise zu Konflikten führen kann (vgl. Weber & Schäffer, 2020, S. 323 ff.). Der inhaltliche Umfang des Forecasts kann sich an der Planung orientieren, häufig findet jedoch eine Konzentration auf die relevanten zentralen Unternehmenskenngrößen statt.

Traditionell führen die meisten Unternehmen in Ergänzung zur jährlichen Planung **Year-End-Forecasts** (Voraussichtliches-Ist-Rechnungen) durch; dies geschieht in der Regel quartalsweise während des fortschreitenden Planjahres. Dabei wird in zeitlicher Anlehnung an die jahresbezogene Planperiode ein Forecast ermittelt, der die bisherigen Istwerte des betrachteten Jahres mit den angepassten Prognosewerten des restlichen Jahres verbindet, sodass ein aktualisierter Plan entsteht, der mit dem ursprünglichen Plan verglichen werden kann. Diese Year-End-Forecasts sind aus Sicht einer Krisenerkennung ebenfalls kritisch zu sehen, da die Fokussierung auf das Jahresende (Jahresenddenken) zu einer Vernachlässigung des Zeitraums jenseits des Jahresendes führt. Mit fortschreitendem Jahresverlauf wird der Handlungsspielraum bzw. der Anteil der noch beeinflussbaren Aktivitäten immer geringer, wodurch sich auch der Erkenntniswert in Bezug auf eine Krisenerkennung und -analyse reduziert.

Aktuell verwendet eine zunehmende Anzahl von Unternehmen statt der jahresendbezogenen Forecasts flexiblere **Rolling Forecasts,** bei denen die Forecasts kontinuierlich, auch über das Jahresende hinaus, mit einem festen Zeithorizont (z. B. 12 oder 18 Monate) fortgeschrieben und aktualisiert werden, wie Abb. 4.7 zeigt.

Beim Rolling Forecast erfolgt durch die Beibehaltung eines konstanten Forecast-Horizonts eine weitergehende Vorausbetrachtung der Unternehmensentwicklung und somit auch eine bessere Verknüpfung zur strategischen Planung. Neue Entwicklungen werden regelmäßig einbezogen, es findet eine Lösung von der starren, jahresbezogenen Planstruktur statt. Letztendlich ist dadurch das Erkennen von krisenhaften Entwicklungen eher gewährleistet.

Als Reaktion auf die Vielzahl der aktuellen Veränderungen und Störfaktoren verfügen die Planung sowie das Forecasting über einige grundsätzliche **Optimierungspotenziale,** die derzeit von den Unternehmen bereits in unterschiedlichem Umfang aufgegriffen werden:

- Geringere Detaillierung und Reduzierung der Komplexität der Planung,
- Zunehmende Ablösung der klassischen Planung durch flexible Forecasts,

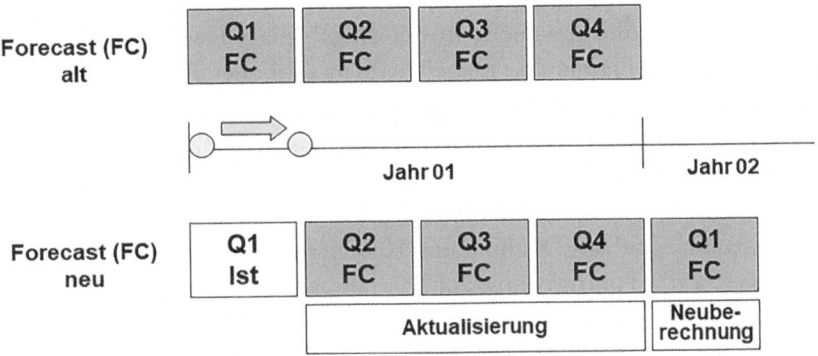

Abb. 4.7 Ablauf eines Rolling Forecast

- Zunehmende Verwendung von Rolling Forecasts statt Year-End-Forecasts,
- Häufigere Forecast-Frequenz und kürzere Forecast-Betrachtungszeiträume,
- Anwendung ereignisbasierter Forecasts (z. B. bei Störfaktoren),
- Ausrichtung von Planung und Forecast auf zentrale Werttreiber, externe Krisenfaktoren und kritische Frühindikatoren,
- Zunehmende Automatisierung des Forecasts unter Verwendung von statistischen Methoden, Simulationstechniken, Predictive Analytics, KI-Techniken und Big Data.

Sofern diese Optimierungspotenziale genutzt und die Schwachstellen und Fehlsteuerungsmechanismen der klassischen Planungsprozesse erkannt und vermieden werden, kann eine flexible Planung in Verbindung mit einem schnellen und präzisen Forecasting zu einer wesentlichen Verbesserung der Krisenerkennung und Krisenanalyse führen.

4.4 Krisenerkennung aus Sicht von Mitarbeitern und sonstigen Stakeholdern

Im Kapitel zu Krisenauswirkungen (Abschn. 3.2) wurde bereits deutlich, dass neben dem Unternehmen selbst auch seine **Stakeholder** in hohem Maße von einer Krisensituation betroffen sind. Die Stakeholder haben demzufolge ebenfalls ein hohes Interesse, eine Krise des Unternehmens frühzeitig zu erkennen, um aus ihrer Sicht Vorkehrungen und Maßnahmen zur Vermeidung oder Reduzierung von Krisenfolgen durchführen zu können. Da im Regelfall eine aktive Information des Unternehmens über die vorliegende Krise (Krisenkommunikation) oft erst sehr spät vorgenommen wird, liegt es im Interesse der Stakeholder, durch die Analyse vorliegender Informationen über das Unternehmen und gegebenenfalls das Anfordern zusätzlicher Informationen eine potenzielle oder bereits eingetretene Krisensituation eigenständig zu erkennen und einzuordnen.

Bei einer eigenen Krisenerkennung durch den Stakeholder selbst hängt es von der Nähe zum Unternehmen bzw. den Einflussmöglichkeiten des Stakeholders auf das Unternehmen ab, ob der Stakeholder Zugriff auf interne Kennzahlen und sonstige krisenrelevante Informationen hat oder vom Unternehmen einfordern kann. So ist häufig bei Banken mit einer Kreditvergabe die Vereinbarung von Financial Covenants verbunden; dabei berichten die Unternehmen regelmäßig Kennzahlen, die eine Analyse der Liquiditäts- und Ergebnissituation und damit auch ein Risikomanagement aus Sicht des Fremdkapitalgebers ermöglichen. Im fortgeschrittenen Krisenverlauf können von den Banken auch differenziertere Informationen, wie z. B. Cash Flow-Forecasts, eingefordert werden (vgl. Baur et al., 2015, S. 74). Viele Stakeholder, wie z. B. Kleinaktionäre bei Kapitalgesellschaften oder weniger bedeutsame Kunden, sind jedoch auf die vom Unternehmen publizierten Informationen (z. B. Geschäftsberichte, Quartalsberichte, Unternehmenspräsentationen) oder öffentlich verfügbare Analysen von Experten angewiesen.

Neben den externen Stakeholdern haben insbesondere die **Mitarbeiter** und deren Vertretungen (Betriebsrat) ein starkes Interesse daran, drohende oder bereits eingetretene Unternehmenskrisen möglichst frühzeitig zu erkennen, da sie nicht immer davon ausgehen können, dass sie vom Management eine rechtzeitige und realistische Darstellung der Situation erhalten. Wenn Mitarbeitervertretungen Krisen anhand von Kennzahlen und sonstigen Indikatoren erkennen wollen, ist es für sie oft sinnvoll, Informationen proaktiv einzufordern. Dazu stehen dem Betriebsrat bzw. den Mitarbeitern laut Betriebsverfassungsgesetz (BetrVG) eine Reihe von **Informationsrechten** zu. In Bezug auf die Krisenfrüherkennung ist vor allem § 106 („Wirtschaftliche Angelegenheiten") von Relevanz (vgl. Betriebsverfassungsgesetz, 2022). Hier werden die Rechte und Pflichten des **Wirtschaftsausschusses** definiert, der als Unterstützung des Betriebsrates in relevanten wirtschaftlichen Angelegenheiten, wozu neben der aktuellen Unternehmenssituation auch die Unternehmensplanung und mögliche krisenhafte Entwicklungen gehören, fungieren soll. Ist die Krise bereits weiter vorgeschritten und werden vom Management bereits Restrukturierungsmaßnahmen (z. B. Stilllegungen, Verlagerungen, Personalabbau) geplant, greifen auch die Informations- und Beratungsrechte des Betriebsrats aus § 111 „**Betriebsänderungen**" (vgl. BetrVG, 2022).

Über die eigene Analyse und das Beschaffen und Anfordern von Informationen zur Krisenerkennung hinaus sind alle Stakeholder, zumindest bei fortgeschrittenen Krisenverlauf, auf eine aussagefähige **Krisenkommunikation** angewiesen. Krisenkommunikation dient dazu, eine Krise festzustellen und die aktuelle Situation sowie die Maßnahmen des Unternehmens zur Krisenbewältigung für die Stakeholder des Unternehmens darzustellen (vgl. Vogler 2019, S. 95). Dabei ist im Hinblick auf externe Stakeholder (z. B. Aktionäre, Banken, Kunden, Öffentlichkeit) vor allem das Thema Vertrauensbildung und Schutz der Reputation von zentraler Bedeutung. Dies erfordert eine frühzeitige, umfassende und authentische Information der Stakeholder durch das Krisenunternehmen. Zahlreiche Beispiele zeugen dabei von gelungener oder weniger gelungener Krisenkommunikation (vgl. Bachmann, Ternés von Hattburg 2021, 77 ff.). In Bezug auf die Mitarbeiter des Unternehmens geht es insbesondere darum, eine Verunsicherung in der Belegschaft zu vermeiden, Vertrauen und Glaubwürdigkeit zu erhalten und negative Folgewirkungen, z. B. Kündigungen wichtiger Mitarbeiter, zu verhindern.

Bei der Krisenkommunikation haben sich **defensive Kommunikationsstrategien,** bei denen die Unternehmen krisenrelevante Informationen möglichst lange zurückhalten und erst bekanntgeben, wenn es nicht mehr zu vermeiden ist, als eher wenig erfolgreich erwiesen. In diesem Fall droht die Gefahr, dass die Krisensituation bereits über andere Kanäle, insbesondere auch über Presse, Internet und soziale Medien, an die Öffentlichkeit gerät und dabei gegebenenfalls falsche Informationen und Interpretationen entstehen, die zum Schaden des Unternehmens sind. **Offensive oder aktive Kommunikationsstrategien,** bei denen die Stakeholder möglichst frühzeitig, konsistent, wahrheitsgetreu und offen informiert werden, sind deshalb in akuten Krisen in der Regel alternativlos (vgl. Vogler et al., 2019, S. 104). Insbesondere wenn die Stakeholder zur gemeinsamen Krisenbewältigung beitragen können, entsteht aus einer gelungenen Krisenkommunikation des Unternehmens ein beidseitiger Nutzen.

Literatur

Bachmann, S., & Ternés von Hattburg, A. (2021). *Effiziente Krisenkommunikation – transparent und authentisch* (2. Aufl.). Springer Gabler.

Baur, M., Kantowsky, J., Schulte, A. (Hrsg.) (2015). *Stakeholder Management in der Restrukturierung: Perspektiven und Handlungsfelder in der Praxis* (2. Aufl.). Springer Gabler.

Betriebsverfassungsgesetz, Hrsg. (2022). Bundesministerium der Justiz, Bundesamt der Justiz. www.gesetze-im-internet.de/betrvg/BetrVG.pdf. Zugegriffen: 10. Apr. 2023.

Diederichs, M. (2018). *Risikomanagement und Risikocontrolling* (4. Aufl.). Vahlen.

Giesen, K. (2022). *Quick Guide Krisenfrüherkennung im Unternehmen*. Springer Gabler.

Gleißner, W. (2022). *Grundlagen des Risikomanagements* (4. Aufl.). Vahlen.

Kaplan, R. S., & Norton, D. N. (1997). *Balanced Scorecard: Strategien erfolgreich umsetzen*. Schäfer Poeschel.

Krause, H. U. (2019). *Ganzheitliches Reporting mit Kennzahlen im Zeitalter der digitalen Vernetzung*. De Gruyter Oldenbourgh.

Krystek, U. (2020). Denkanstöße für eine integrierte Krisenvorsorge. *Controlling & Management Review, 6–7*(2020), 26–35.

Krystek, U., & Moldenhauer, R. (2007). *Handbuch Krisen- und Restrukturierungsmanagement*. Kohlhammer.

Nobach, K., Zirkler, B., & Hofmann, J. (2020). Implikationen der Digitalisierung für das Controlling. *Controller Magazin, 45*(6)(2020), 56–62.

Reichmann, T., Kißler, M., & Baumöl, U. (2017). *Controlling mit Kennzahlen* (9. Aufl.). Vahlen.

Rieg, R. (2015). *Planung und Budgetierung: Was wirklich funktioniert* (2. Aufl.). Springer Gabler.

Sandt, J., & Rasuli, W. (2022). Adjusted EBIT – EBIT before bad stuff? *Controlling, 34*(2), 70–79.

Schön, D. (2018). *Planung und Reporting im BI-gestützten Controlling* (3. Aufl.). Springer Gabler.

Taschner, A. (2013). *Management Reporting: Erfolgsfaktor internes Berichtswesen*. Springer Gabler.

Vogler, P. (2019). Kommunikation in der Krise. In M. W. Exler & M. Situm (Hrsg.), *Restrukturierungs- und Turnaround-Management* (2. Aufl., S. 95–114). Erich Schmidt Verlag.

Weber, J., & Schäffer, U. (2020). *Einführung in das Controlling* (16. Aufl.). Schäffer Poeschel.

Wolf, K., & Runzheimer, B. (2003). *Risikomanagement und KonTraG* (4. Aufl.). Springer Gabler.

Zell, M. (2008). *Kosten und Performance Management*. Springer Gabler.

5

Krisenbewältigung und Sanierungsoptionen

> **Fragen, die dieses Kapitel beantwortet**
>
> Welche Formen der Krisenbewältigung gibt es?
> Wie lassen sich die Maßnahmen zur Krisenbewältigung einordnen?
> Welche Sanierungsoptionen bestehen bei fortgeschrittener Krise und bei Insolvenz?
> Wie können Mitarbeiter und sonstige Stakeholder in den Krisenbewältigungsprozess eingebunden werden?

Der Prozess der Krisenbewältigung setzt auf der Erkenntnis auf, dass das Unternehmen sich bereits in einer konkreten Krisensituation befindet. Ausgehend vom aktuellen Krisenfortschritt und den identifizierten Krisenursachen, müssen Maßnahmen zur Bewältigung der Krise eingeleitet und durchgeführt werden. Dazu werden in umgekehrter Reihenfolge des Krisenfortschritts zunächst liquiditätsorientierte, dann ergebnisorientierte und anschließend strategische Maßnahmen dargestellt und bewertet. Der Ablauf von Sanierungsprojekten und die Möglichkeiten zur Sanierung und Restrukturierung in unterschiedlichen Krisenphasen bis hin zur Insolvenz werden erläutert. Auch die Konsequenzen für die Sta-

© Der/die Autor(en), exklusiv lizenziert an Springer Fachmedien Wiesbaden GmbH, ein Teil von Springer Nature 2023
M. Zell, *Erfolgreiches Krisenmanagement in Unternehmen*,
https://doi.org/10.1007/978-3-658-43208-9_5

keholder, speziell die Mitarbeiter, sowie deren Einflussmöglichkeiten im Rahmen der Krisenbewältigung werden vorgestellt.

5.1 Überblick der Ansätze zur Krisenbewältigung

Bezüglich der Krisenbewältigung liegt eine Vielzahl von Begrifflichkeiten vor, die einen mehr oder weniger umfassenden Bereich des Krisenmanagements abbilden. Insbesondere ist die Begriffswahl von der Art der gewählten Maßnahmen sowie der Krisenphase, in der die Maßnahmen stattfinden, abhängig (vgl. Krystek & Moldenhauer, 2007, S. 139 f.):

- Eine **Krisenprävention** liegt vor, wenn aktive, überwiegend strategische Maßnahmen zur Krisenverhinderung initiiert werden, ohne dass aktuell eine Krise vorliegt; dies ist z. B. bei Maßnahmen zur Risikoabsicherung (z. B. Wechselkurssicherung, Erweiterung des Produktportfolios) der Fall. Die Krisenprävention bezieht sich somit auf die Phase einer potenziellen Krise und wird in Kap. 6 weiter ausgeführt.
- Von einem **Turnaround** („Kehrtwende"), einer **Restrukturierung** oder einer **Reorganisation** wird gesprochen, wenn Maßnahmen getroffen werden, die eine Wendung von einer existenzgefährdenden Unternehmensentwicklung zu einer nachhaltigen Profitabilität ermöglichen sollen; darunter fallen finanzwirtschaftliche und ergebnisbezogene Maßnahmen mit operativem Charakter, insbesondere aber auch strategische, organisatorische und personalbezogene Maßnahmen.
- Eine **Sanierung im engeren Sinne** bezieht sich auf die eher kurzfristige Durchführung liquiditäts- und ergebniswirksamer Maßnahmen zur Verhinderung von Überschuldung bzw. Zahlungsunfähigkeit; die **Sanierung im weiteren Sinne** erweitert diese Maßnahmen um mittel- bis langfristige, operative und strategische Maßnahmen zur Krisenbewältigung und kommt damit dem Turnaround- bzw. Restrukturierungsbegriff recht nahe.

Ist die Unternehmenskrise bereits im fortgeschrittenen Stadium, so folgen die Maßnahmen zur Krisenbewältigung in der Regel dem umgekehrten Verlauf der Krisenentstehung. Zunächst sind bei vorliegender Liquiditätskrise Sofortmaßnahmen zur Vermeidung der Zahlungsunfähigkeit und zur Stabilisierung der Kapitalbasis notwendig. Ergänzend müssen die Ertragsfähigkeit und die Profitabilität des Unternehmens durch operative Maßnahmen zur Steigerung von Effektivität und Effizienz wiederhergestellt werden. Für eine nachhaltige Krisenbewältigung sind aber auch strategische Maßnahmen mit der Zielsetzung der Verbesserung der Marktposition und der Unternehmensorganisation erforderlich.

Im Rahmen der **liquiditätssichernden bzw. finanzwirtschaftlichen Maßnahmen** bieten sich verschiedene Handlungsfelder an, um eine mögliche Zahlungsunfähigkeit zu vermeiden. Abb. 5.1 zeigt eine Einordnung und beispielhafte Darstellung von Maßnahmen.

Die Beurteilung finanzwirtschaftlicher, liquiditätssichernder Maßnahmen zur Krisenbewältigung erfolgt zwiespältig. In der Praxis ist festzustellen, dass die aufgeführten Maßnahmen in einer akuten Krisensituation von den Unternehmen in intensiver Form angewendet werden; dabei werden im Regelfall zunächst die internen Liquiditätsreserven ausgeschöpft **(Innenfinanzierung)**. Hier ergeben sich Möglichkeiten

Abb. 5.1 Finanzwirtschaftliche Maßnahmen zur Liquiditätsverbesserung

der Liquiditätsfreisetzung beim Anlagevermögen durch Verkauf nicht benötigter Anlagen, Sale-and Lease-Back-Transaktionen oder Verzicht auf bzw. Hinausschieben von geplanten Investitionsvorhaben. Im Bereich des Umlaufvermögens bzw. des Working Capital kann versucht werden, zusätzliche Liquidität durch Abbau von Vorräten und Forderungsbeständen sowie durch Verlängerung der Zahlungsfristen bei Lieferantenverbindlichkeiten zu gewinnen. Die Ansätze zur Innenfinanzierung können durch Maßnahmen zur **Außenfinanzierung** in Form zusätzlicher Kapitalzufuhr ergänzt werden. Die bisherigen Eigenkapitalgeber können weiteres Kapital nachschießen oder auf Dividenden und Ausschüttungen verzichten. Sind die Kapitalgeber nicht mehr in der Lage, weiteres Kapital zuzuführen, kommt eine Kapitalherabsetzung mit anschließender Kapitalerhöhung infrage, die zu einem Kontrollwechsel auf der Kapitalgeberseite führen kann. Zusätzliche Fremdfinanzierungseffekte können durch weitere Kreditgewährung der Banken, Forderungsverzichte von Gläubigern oder auch durch staatliche Unterstützung, z. B. in Form von Beihilfen oder Bürgschaften, erfolgen. Eine Kapitalzufuhr durch Eigen- und Fremdkapitalgeber wird im Regelfall nur dann zu einem nachhaltigen Erfolg führen, wenn nicht nur der Liquiditätsengpass überwunden, sondern auch operative und strategische Krisenbewältigungsmaßnahmen greifen. Bestimmte Formen der Innenfinanzierung (z. B. Abbau von Überkapazitäten oder Verbesserungen im Working Capital Management) können bei sinnvoller Anwendung auch längerfristig eine positive Wirkung auf die Krisenbewältigung ausüben. Insgesamt bleibt jedoch festzuhalten, dass finanzwirtschaftliche Maßnahmen nur einen ersten, im Regelfall kurzfristig wirkenden und wenig nachhaltigen Baustein im Rahmen der Krisenbewältigung bilden.

Praxisbeispiel

Das Beispiel aus dem Kapitel zur Krisenerkennung, das eine Cash Flow- bzw. Liquiditätsplanung auf Quartalsbasis (Forecast-Rechnung gegen Ende des zweiten Quartals) für einen anonymisierten Automobilzulieferer in der Wirtschaftskrise 2009 zeigt, wird hier fortgesetzt (Abschn. 4.2.3). Abb. 5.2 zeigt noch einmal die vorliegende Liquiditätsplanung.

Die absehbare Liquiditätskrise führt im Fallbeispiel dazu, dass konkrete kurzfristige **Maßnahmen zur Liquiditätsverbesserung** eingeleitet werden müssen, z. B.:

- Kurzfristige Aktivitäten zur Umsatzsteigerung (z. B. Sonderangebote, Verkaufsaktionen),
- Anpassungsoptionen bei den Personalkosten (z. B. Aussetzung Weihnachtsgeld) in Absprache mit den Mitarbeitern bzw. dem Betriebsrat,
- Kurzfristige Verbesserungen beim Working Capital, z. B. Verlängerung Zahlungsziele bei Lieferanten,
- Verschiebung der für das vierte Quartal geplanten Investitionen,
- Verhandlungen mit der Bank bezüglich einer Kreditverlängerung im vierten Quartal.

Wird davon ausgegangen, dass die Krisensituation von längerer Dauer sein wird, sind zur Krisenbewältigung weitere **ergebnisbezogene Maßnahmen** (z. B. Kosteneinsparprogramme) oder **strategische Maßnahmen** (z. B. Anpassung Produktportfolio) zu treffen.

Ergebnisbezogene, operative Maßnahmen zur Krisenbewältigung setzen über die Liquiditätswirkung hinaus an einer kurz- bis mittelfristi-

alle Werte in T €	Quartal 1	Quartal 2	Quartal 3	Quartal 4
Laufende Einzahlungen	**46.860**	**45.430**	**40.600**	**38.020**
Umsätze	45.640	44.320	39.450	36.680
Sonstiges	1.220	1.110	1.150	1.340
Laufende Auszahlungen	**-42.570**	**-40.950**	**-39.160**	**-37.260**
Lieferanten (Material)	-27.020	-25.030	-23.600	-20.560
Lohn/Gehalt	-14.050	-14.200	-13.940	-15.200
Sonstige laufende Auszahlungen	-200	-380	-260	-240
Steuern	-420	-420	-420	-420
Zinsen	-880	-920	-940	-840
Cash Flow operative Geschäftstätigkeit	**4.290**	**4.480**	**1.440**	**760**
Cash Flow aus Investitionen	**-4.300**	**-2.900**	**-2.500**	**-5.000**
Auszahlungen für Investitionen	-4.500	-3.200	-2.900	-5.200
Einzahlungen aus Desinvestitionen	200	300	400	200
Free Cash Flow	**-10**	**1.580**	**-1.060**	**-4.240**
Cash Flow aus Finanzierung	**1.000**	**0**	**0**	**-2.500**
Darlehensrückzahlung an Bank	0	0	0	-2.500
Darlehensgewährung durch Bank	1.000	0	0	0
Veränderung Cash Balance	**990**	**1.580**	**-1.060**	**-6.740**
Cash Balance Beginn	**-4.400**	**-3.410**	**-1.830**	**-2.890**
Cash Balance Ende	**-3.410**	**-1.830**	**-2.890**	**-9.630**
Kreditlinie	**-5.000**	**-5.000**	**-5.000**	**-5.000**
Finanzieller Spielraum	**1.590**	**3.170**	**2.110**	**-4.630**

Abb. 5.2 Beispielhafte Cash Flow- bzw. Liquiditätsplanung

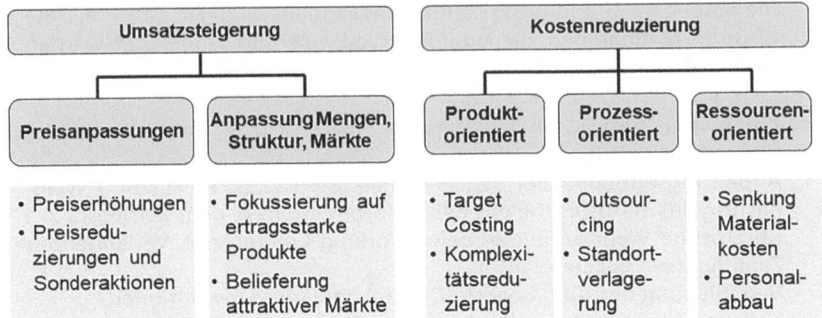

Abb. 5.3 Maßnahmen zur Verbesserung der Ergebnissituation

gen Verbesserung der Ergebnissituation an. Im Bereich dieser Maßnahmen liegt eine nur schwer überschaubare Vielzahl von Ansätzen vor; die Abgrenzung zu den strategischen Maßnahmen und teilweise auch den liquiditätsbezogenen Maßnahmen ist fließend. Ein Überblick geeigneter Maßnahmen geht aus Abb. 5.3 hervor.

Die operativen bzw. ergebnisbezogenen Maßnahmen lassen sich in Aktivitäten, die an einer Steigerung von Umsätzen bzw. Erträgen ansetzen, sowie Aktivitäten, die auf eine Kosten- oder Aufwandsreduzierung abzielen, unterteilen.

Im Bereich **Umsatz- bzw. Ertragssteigerung** werden insbesondere die folgenden Maßnahmen vorgeschlagen:

- **Preisanpassungen**, im Regelfall beschränkt auf bestimmte Markt- oder Produktsegmente, können sich positiv auf die Ergebnis- bzw. auch die Liquiditätssituation auswirken. Preiserhöhungen sind geeignet, wenn der Kunde die Preiserhöhung freiwillig oder aufgrund hoher Wechselkosten zur Konkurrenz mitträgt. Preissenkungen (z. B. Sonderangebote) können umsatzsteigernd wirken, wobei die Ergebnisauswirkung unterschiedlich sein kann.

- **Mengen-, struktur- oder marktbezogene Anpassungen** beziehen sich auf die Anzahl der umgesetzten Produkte, die Gestaltung des Produktmix und auf die adressierten Kunden und Märkte. Häufig erfolgt eine Konzentration auf deckungsbeitragsstarke Produkte und attraktive Absatzmärkte.

Der Umsatz- bzw. Ertragsverbesserung im Rahmen der ergebnisbezogenen Maßnahmen zur Krisenbewältigung kommt eine hohe Bedeutung zu; die möglichen Maßnahmen sollten von den Unternehmen intensiv geprüft werden. Die Optimierung der Preispolitik und der Produktstruktur ist jedoch auch eine strategische Zielsetzung, die von den Unternehmen permanent und nicht erst in Krisensituationen verfolgt werden sollte. Liegt eine konkrete Krisensituation vor, sind die Spielräume oft sehr eng. Preiserhöhungen sind bei den Kunden nur bedingt durchzusetzen oder führen zu negativen Reaktionen auf Kundenseite; eine Veränderung der Produktzusammensetzung scheitert oft kurzfristig an bestehenden Lieferverpflichtungen oder notwendigen Investitionen zur Umgestaltung der Produktion.

Aus diesen Gründen liegt in der Praxis in der Regel der Schwerpunkt der Maßnahmen zur Ergebnisverbesserung auf einer **Kosten- bzw. Aufwandsreduzierung.** Hier sind in der Vergangenheit eine Vielzahl von Methoden zum Kostenmanagement entwickelt worden, deren Spektrum von langfristig wirksamen, an der Unternehmens- und Produktstruktur ansetzenden Maßnahmen bis hin zu eher kurzfristigen Aktivitäten, die am Preis oder der Menge der eingesetzten Unternehmensressourcen ansetzen, reicht (vgl. Zell, 2008, S. 75 ff.). Die langfristig wirksamen Ansätze (z. B. Target Costing, Lebenszyklus-Kostenmanagement, Prozesskostenmanagement, Komplexitätsmanagement) können bei richtiger Anwendung eine nachhaltig positive Ergebniswirkung aufweisen und damit auch eher krisenpräventiv wirken. Je akuter der Krisenverlauf ist, umso höher ist der Zeit- und Erfolgsdruck zur Realisierung kurzfristiger Kostenziele; allerdings steigt dann auch in hohem Maße das Risiko negativer Folgewirkungen und einer unzureichenden Zielerfüllung.

Obwohl einige Methoden zum Kostenmanagement sich schwerpunktmäßig auf andere Kostenarten beziehen (z. B. **Beschaffungskostenmanagement** auf Materialkosten, **Asset- bzw. Kapitalkostenmanagement** auf Kapital- und Betriebsmittelkosten, **Working Capital Management** auf Kosten des Umlaufvermögens), so ist doch festzustellen, dass viele Methoden ganz oder teilweise auf die Beeinflussung bzw. Reduzierung von Personalkosten abzielen:

- Beim **Fixkostenmanagement** liegt neben der Betrachtung von typischen Fixkosten, wie Versicherungen, Miete oder Abschreibungen auf langfristige Güter, ein Schwerpunkt auf der Flexibilisierung von Personalkosten, z. B. durch Leiharbeit oder befristete Arbeitsverträge,
- Beim **Outsourcing** werden Unternehmensfunktionen an externe Dienstleister übertragen, was bei dem Krisenunternehmen zu einem deutlichen Personalabbau führt,
- Bei **Standortverlagerungen** in Niedriglohnländer liegt ein wesentliches Ziel in der Realisierung von Kosteneinsparpotenzialen durch die niedrigeren Personalkosten,
- Die Methoden zum **Gemeinkostenmanagement** (z. B. Gemeinkostenwertanalyse) fokussieren auf eine effizienz- und effektivitätsgetriebene Senkung von Kosten in den indirekten Bereichen, die überwiegend aus Personalkosten bestehen.

Finanzwirtschaftliche und ergebnisbezogene Maßnahmen zur Krisenbewältigung sollen im Rahmen einer akuten, operativen Krise für eine konkrete Verbesserung der Ergebnis- und Liquiditätssituation sorgen. Für eine nachhaltige Krisenbewältigung sowie auch für eine Krisenprävention müssen jedoch darüber hinaus **strategische Krisenbewältigungskonzepte** realisiert werden, die zu einer Verbesserung der Markt- und Wettbewerbsposition führen und das Unternehmen organisatorisch bzw. personell besser aufstellen. Der Erfolg dieser Maßnahmen kann im Regelfall nicht eindeutig durch quantitative Größen wie Ergebnis oder Cash Flow beurteilt werden, sondern äußert sich in qualitativen Merkmalen, wie z. B. der Nutzung strategischer Erfolgsfaktoren, die grundlegend für eine langfristige Unternehmenssicherung sind. Abb. 5.4 zeigt eine Einordnung von Konzepten zur strategischen Krisenbewältigung.

Trotz des grundsätzlich recht breiten Spektrums an strategischen Optionen zur Krisenbewältigung finden sich bei vielen Krisenunternehmen eher defensiv orientierte **Konsolidierungsstrategien,** die auf den operativen Krisenbewältigungsansätzen aufsetzen und mit umfangreichen Kostensenkungsmaßnahmen sowie der Aufgabe nicht erfolgreicher Produkte und Unternehmensbereiche einhergehen. Die Maßnahmen werden begleitet durch mehr oder weniger gravierende organisatorische

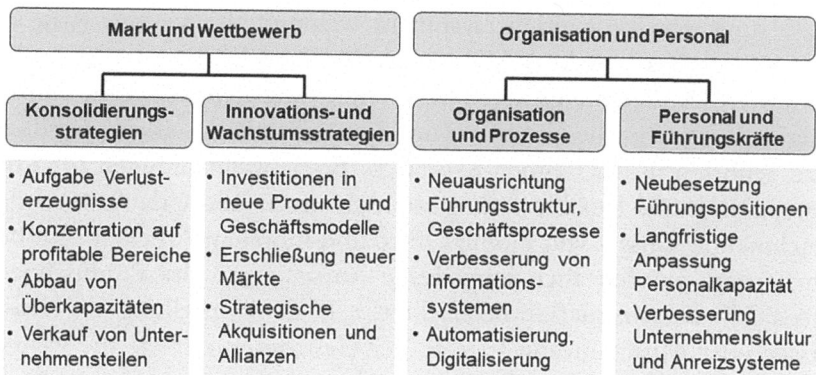

Abb. 5.4 Maßnahmen zur Verbesserung der strategischen Position

Umstrukturierungen, die in der Regel auch Veränderungen bei **Personal und Führungskräften** (Personalabbau, Neubesetzungen im Management) mit sich ziehen. Aufgrund des Handlungs- und Zeitdrucks in der Krisensituation bleibt bei diesen Strategien jedoch oft zu wenig Raum für die konsequente, nachhaltige Umsetzung und Neuausrichtung der **Organisationsstruktur und der Geschäftsprozesse,** wozu auch die Optimierung von Informationssystemen und der Ausbau der Digitalisierung gehört. Werden diese Fehler vermieden, kann in der Krisensituation eine Konsolidierungsstrategie durchaus zur Krisenbewältigung beitragen; sie sollte jedoch durch eine **Wachstums- oder Innovationsstrategie,** die durch eine innovationsfördernde Unternehmenskultur und entsprechende Anreizsysteme für Mitarbeiter und Führungskräfte gestützt wird, flankiert werden. Die Chancen und Möglichkeiten von Innovationsstrategien, bezogen auf Produkte, Prozesse und Geschäftsmodelle, werden in Kap. 7 ausführlich dargestellt.

Die aktuellen globalen Krisen, insbesondere auch die Corona-Krise, haben gezeigt, dass die eigenen liquiditätssichernden, ergebnisverbessernden und strategischen Maßnahmen für viele Unternehmen nicht ausreichen, sodass eine zusätzliche Unterstützung durch **staatliche Maßnahmen** erforderlich ist. Hier sind beispielsweise das Instrument der Kurzarbeit, steuerliche Maßnahmen, die Liquiditätssicherung in Form von Soforthilfen und Krediten sowie die temporär begrenzte

Aussetzung der Insolvenzantragspflicht während der Corona-Krise zu nennen (vgl. Kischewski & Wilbois, 2020, S. 58 f.). Ergänzend zu den staatlichen Maßnahmenpaketen haben die Unternehmen eigene Anpassungsmaßnahmen, die kurzfristig und krisenspezifisch wirken, ergriffen; dazu gehörten in der Corona-Krise z. B. Betriebsschließungen zur Kostenreduktion, die Flexibilisierung von Arbeitszeit und Urlaub sowie der zunehmende Einsatz von Home-Office und mobilem Arbeiten. Auf der Umsatzseite wurden auch kurzfristige Anpassungen des Produktangebots an die Krisensituation beobachtet, z. B. die Umstellung auf Lieferservice oder Mitnahmeangebote in der Gastronomie sowie die weitere Intensivierung des Online-Geschäfts.

Mittelfristig zeichnen sich aus den derzeit aktuellen Krisenherden und Umfeldentwicklungen die folgenden wesentlichen **zukunftsbezogenen Krisenbewältigungskonzepte** für Unternehmen ab:

- **Weiterer Ausbau der Digitalisierung:** Beschleunigung der ohnehin zunehmenden Digitalisierung der Arbeitstätigkeit und der Geschäftsmodelle, Entwicklung digitaler Produkt- und Dienstleistungsangebote sowie weiterer Aufbau digitaler Kompetenzen bei Mitarbeitern und Führungskräften,
- **Neuausrichtung der Personalstrategie:** Planung flexibler Personalanpassungsmaßnahmen zur Behebung struktureller Probleme im Hinblick auf die absehbare Entwicklung des Unternehmens,
- **Sicherung von Lieferketten:** Analyse und Anpassung der Lieferketten zur Verhinderung der zunehmenden globalen Lieferprobleme in Krisensituationen, z. B. durch Multiple Sourcing, Schaffung sicherer Lieferwege, Make statt Buy oder Rückverlagerungen (vgl. Exler et al., 2023, S. 5 ff.).
- **Nachhaltige Absicherung der Energieversorgung:** Umfassende Maßnahmen zur Realisierung von Energie- und Energiekosteneinsparungen sowie Konzepte zur nachhaltigen Gestaltung der Energieversorgung durch Gewinnung alternativer Energiequellen und den Wechsel von fossilen zu erneuerbaren Energien.

5.2   Sanierungsoptionen in fortgeschrittenen Krisenphasen

Auch wenn mit der Krisenbewältigung in einem möglichst frühen Stadium der Krise begonnen werden sollte, zeigt es sich in der Realität häufig, dass konkrete Maßnahmen und umfassende Projekte zur Sanierung des Unternehmens erst relativ spät zur Anwendung kommen. Ist die Krise bereits weiter fortgeschritten, stellen sich irgendwann die Fragen, ob es zum einen sinnvoll ist, das Unternehmen angesichts der vorliegenden Zukunftsperspektive überhaupt weiterzuführen, und zum anderen, ob das Unternehmen in dem aktuellen Zustand überhaupt sanierungsfähig ist. Soll das Unternehmen in einem fortgeschrittenen Stadium der Ergebnis- oder Liquiditätskrise saniert werden, ist es notwendig, ein entsprechendes **Sanierungskonzept** zu entwickeln, das die Risiken und Chancen einer Sanierung und die Möglichkeiten von Sanierungsmaßnahmen aufzeigt und beurteilt. Ein solches Sanierungskonzept dient dabei nicht nur der eigenen Entscheidungsfindung, sondern auch zur Information und Entscheidungsfindung der Beteiligten im Sanierungsprozess (vgl. Niering & Hillebrand, 2020, S. 57). Somit bildet ein Sanierungskonzept nicht nur eine wesentliche Grundlage zur Durchführung eines Sanierungsprojekts, sondern bildet auch eine wichtige Basis für die Verhandlung mit Stakeholdern. So können z. B. Kreditentscheidungen von Banken oder Vereinbarungen mit Gläubigern von der Vorlage eines Sanierungskonzepts abhängig sein. Auch bietet ein Sanierungskonzept die Möglichkeit der Vermeidung bestimmter Risiken, z. B. einer Insolvenzverschleppung. Ein Sanierungskonzept oder Sanierungsgutachten kann von der Unternehmensführung selbst entwickelt werden. Es empfiehlt sich jedoch, unabhängige Experten bzw. spezialisierte Sanierungsberater für die Erstellung heranzuziehen, da insbesondere bei einer existenzbedrohenden Krise umfassende betriebswirtschaftliche und juristische Kenntnisse in Bezug auf Krisensituationen erforderlich sind. Zudem ist dadurch auch stärker die Objektivität der Sichtweise und der Erkenntnisse in Bezug auf die Möglichkeiten und Chancen der Krisenbewältigung gewährleistet.

Der Bundesgerichtshof (BGH) hat in unterschiedlichen Urteilen relevante Aspekte bezüglich des Inhalts und des Umfangs von Sanierungskonzepten dargestellt, die vom Institut der Wirtschaftsprüfer (IDW) in dem Standard **IDW S. 6: Anforderungen an Sanierungskonzepte** aufgegriffen wurden (vgl. Institut der Wirtschaftsprüfer e.V. (IDW), 2018, S. 2 ff.). Dieser Standard bildet eine gute Basis für eine Berücksichtigung der relevanten Themen und Fragestellungen im Zusammenhang mit der Sanierung, auch aus Sicht der beteiligten Stakeholder (z. B. der Banken) sowie auch als Grundlage für die Prüfung eines Sanierungsgutachtens durch einen Wirtschaftsprüfer. Grundsätzliche Schwerpunkte von Sanierungskonzepten nach IDW S. 6 sind die Beurteilung der Sanierungsfähigkeit und -würdigkeit des Krisenunternehmens, die Bestätigung einer insolvenzrechtlichen Fortbestehensprognose (Sicherung Finanzierung bzw. Liquidität) sowie die Beurteilung der zukünftigen Wettbewerbsfähigkeit und Renditefähigkeit des Unternehmens nach Durchführung von Maßnahmen. Dazu sind folgende inhaltliche Kernanforderungen definiert (vgl. Institut der Wirtschaftsprüfer e.V. (IDW), 2018, S. 3 f.):

- Beschreibung von Auftragsgegenstand und -umfang,
- Basisinformationen über die wirtschaftliche und rechtliche Ausgangslage des Unternehmens in seinem Umfeld einschließlich der Vermögens-, Finanz- und Ertragslage,
- Analyse von Krisenstadium und -ursachen sowie die Analyse, ob eine Insolvenzgefährdung vorliegt,
- Darstellung des Leitbilds mit dem Geschäftsmodell des sanierten Unternehmens,
- Darstellung der Maßnahmen zur Abwendung einer Insolvenzgefahr und Bewältigung der Unternehmenskrise sowie zur Herstellung des Leitbilds des sanierten Unternehmens,
- Integrierter Unternehmensplan,
- Zusammenfassende Einschätzung der Sanierungsfähigkeit.

Ein Sanierungskonzept bildet die Grundlage für ein **Restrukturierungs- bzw. Sanierungsprojekt** zur Durchsetzung der finanziellen, operativen und strategischen Krisenbewältigungsmaßnahmen mit der Zielsetzung der Rettung und Stabilisierung des Unternehmens. Neben der Einbindung wichtiger externer Stakeholder, wie z. B. Banken oder Kunden, werden dazu unterschiedliche personelle Ressourcen integriert. Die Einbindung des bisherigen Managements für die Durchführung der Sanierung wird abhängig vom Vertrauen der Stakeholder sein. Liegt dieses Vertrauen nicht mehr vor, werden häufig Interims-Manager oder externe CRO (Chief Restructuring Officer) als kurzfristig für die Restrukturierung verantwortliche Manager eingesetzt. Für die Durchsetzung der Maßnahmen wird ein Turnaround-Team aus kompetenten internen Mitarbeitern aufgestellt. Auch der Betriebsrat zur Vertretung der Mitarbeiterinteressen sollte in das Projekt eingebunden werden. Ergänzend werden häufig zur fachlichen und methodischen Unterstützung externe Unternehmensberater mit Schwerpunkt Restrukturierung und Sanierung eingesetzt.

Für die konkrete Umsetzung der Sanierung gibt es unterschiedliche Optionen, die sich sowohl auf die Vorgehensweise zur Sanierung wie auch auf die Gestaltung der Sanierung in Abhängigkeit des Krisenfortschritts beziehen. So ist zu klären, ob eine Sanierung durch das Unternehmen selbst erfolgen kann oder ob ein Verkauf des ganzen Unternehmens oder von Unternehmensteilen die bessere Lösung darstellt. Beim Verkauf des Unternehmens, auch als **übertragende Sanierung** bezeichnet, bleibt das Unternehmen nicht in der alten Form erhalten, sondern geht an einen Investor über. Im Falle einer tatsächlichen oder drohenden Insolvenz kann auch eine Auffang- bzw. eine Transfergesellschaft gegründet werden, die als eigenständige juristische Person die vorläufige Fortführung des Geschäftsbetriebs sowie die vorübergehende Beschäftigung der Mitarbeiter des Unternehmens übernimmt. Wird das Unternehmen von einem Käufer übernommen, führt dieser die weitere Sanierung durch. Als potenzielle Käufer kommen Wettbewerber, leitende Mitarbeiter (Management Buy Out) oder Beteiligungsgesellschaften, wie Venture Capital oder Private Equity Gesellschaften oder sonstige professionelle Aufkäufer, in Frage (vgl. Niering & Hillebrand, 2020, S. 38).

Soll die **Sanierung aus dem Unternehmen heraus** erfolgen, bestehen unterschiedliche Optionen in Abhängigkeit des Krisenfortschritts. Die Alternativen, die sich vor dem Hintergrund der gesetzlichen Möglichkeiten ergeben, sind in Abb. 5.5 dargestellt.

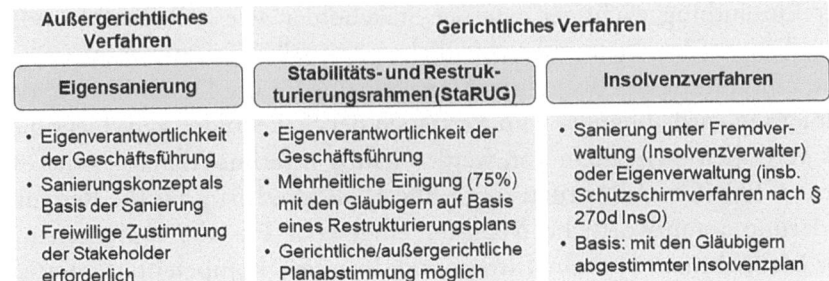

Abb. 5.5 Sanierungsoptionen mit Erhalt des Unternehmens (Eigene Abbildung, in Anlehnung an: Crone & Werner, 2021, S. 110)

Bei einer **außergerichtlichen Sanierung** wird die Sanierung und damit der Erhalt der zukünftigen Wettbewerbsfähigkeit durch das Unternehmen selbst ohne Rückgriff auf weitere rechtliche Möglichkeiten durchgeführt **(Eigensanierung).** Eine außergerichtliche Sanierung findet sinnvollerweise in einem möglichst frühen Krisenstadium statt, wenn noch Möglichkeiten zur Krisenbewältigung durch eigene Maßnahmen und Beiträge der Stakeholder vorhanden sind. Die bestehende Geschäftsführung ist weiterhin für den Sanierungserfolg verantwortlich, es sollte jedoch ein Sanierungskonzept erstellt und eventuell ein Sanierungsberater hinzugezogen werden. Eine Einigung muss durch Zustimmung aller Stakeholder erfolgen, insbesondere müssen die Gläubiger bestimmten Maßnahmen, z. B. Forderungsverzicht, freiwillig zustimmen. Kommt es zu keinem Konsens, ist eine außergerichtliche Sanierung nicht möglich.

In Bezug auf eine **gerichtliche Sanierung** ergibt sich durch das am 01.01.2021 in Kraft getretene **Gesetz über den Stabilisierungs- und Restrukturierungsrahmen für Unternehmen (StaRUG)** eine neue Möglichkeit zur Sanierung durch Einigung des Unternehmens mit seinen Gläubigern auf Basis eines Restrukturierungsplans (vgl. Crone & Werner, 2021, S. 111 f.). Voraussetzung für diese Form der Sanierung ist, dass lediglich eine drohende Zahlungsunfähigkeit besteht und eine aussagefähige Liquiditätsplanung im Sinne eines Frühwarnsystems vorliegt; die Entscheidungskompetenzen verbleiben weiterhin bei der Geschäftsleitung und eine Publizitätspflicht liegt nicht vor. Im Rahmen des Restrukturierungsplans wird ein Vergleich mit den Gläubigern angestrebt, wobei nicht alle Gläubiger einbezogen werden müssen und bestimmte Forderungen, z. B. aus Arbeitsverhältnissen, nicht angetastet werden. Zur Akzeptanz des Plans ist eine Mehrheit von 75 % der einbezogenen Gläubiger erforderlich; somit können auch Gläubiger gegen ihren Willen zu Maßnahmen gezwungen werden. Bei der Entwicklung des Plans kann gegebenenfalls ein Sanierungsmoderator vom Gericht bestellt werden, der in den Sanierungsverhandlungen vermittelt. Der Plan erhält seine Wirkung durch eine gerichtliche Bestätigung.

Weitere Möglichkeiten zur gerichtlichen Sanierung bestehen auch, wenn bereits der **Insolvenzfall** eingetreten ist. Die Gründe bzw. Anlässe für das Auftreten eines Insolvenzfalls sind:

- **Zahlungsunfähigkeit:** Das Unternehmen ist nicht mehr in der Lage, die fälligen Zahlungsverpflichtungen zu erfüllen.
- **Drohende Zahlungsunfähigkeit:** Das Unternehmen ist voraussichtlich nicht mehr in der Lage, die fälligen Zahlungsverpflichtungen zu erfüllen.
- **Überschuldung:** Das Vermögen deckt nicht mehr die Verbindlichkeiten des Unternehmens.

Zielsetzung eines Regelinsolvenzverfahrens ist die geordnete Abwicklung der Zahlungsunfähigkeit und die zumindest anteilsweise Befriedigung der Ansprüche der Gläubiger durch Verwertung der Insolvenzmasse, in der Regel in Form einer Liquidierung (Zerschlagung) oder Veräußerung des Unternehmens oder von Unternehmensteilen. Alternativ kann auch die **Insolvenz als strategische Option zur Sanierung** gesehen werden; die Sanierung erfolgt in diesem Fall mithilfe eines **Insolvenzplans,** wobei das Unternehmen als Rechtsträger erhalten bleibt. Voraussetzung für eine erfolgversprechende Sanierung ist eine rechtzeitige Bekanntgabe der Insolvenz und eine gewisse Handlungsfähigkeit des Unternehmens, sodass dem Insolvenzplan ausreichende Erfolgschancen beigemessen werden können. Das Insolvenzplanverfahren kann als **Fremdverwaltung** unter Leitung des Insolvenzverwalters oder auch alternativ in **Eigenverwaltung** durchgeführt werden; im letzteren Fall führt die bisherige Geschäftsführung gemeinsam mit einem Sachwalter, der vorrangig die Interessen der Gläubiger vertritt und den Schuldner überwacht, die Sanierung durch. In letzter Zeit hat das Insolvenzplanverfahren in Eigenverwaltung in der Verfahrensvariante des so genannten **Schutzschirmverfahrens** nach § 270d InsO an Bedeutung gewonnen (vgl. InsO, 2022, S. 69). Voraussetzungen hierfür sind, dass nur eine drohende Zahlungsunfähigkeit oder eine Überschuldung vorliegt und ein Nachweis vorliegt, dass eine Sanierung nicht offensichtlich aussichtslos ist; darüber hinaus sind weitere Zugangsvoraussetzungen festgelegt worden (vgl. Hinck, 2023, S. 68 ff.).

Der Insolvenzplan versteht sich als ein Sanierungsplan im Rahmen eines Insolvenzverfahrens und soll die Möglichkeit eröffnen, durch die Einbringung neuen Kapitals, Forderungsverzicht von Gläubigern oder andere Beiträge des Unternehmens und der Stakeholder eine bestmögliche Befriedigung von Gläubigern und anderen Interessen, z. B. der Erhaltung von Arbeitsplätzen, sicherzustellen. Eine ausführliche Planrechnung und der Vergleich mit alternativen Möglichkeiten (z. B. der Regelinsolvenz) soll den Gläubigern eine Entscheidung über die Zustimmung zu dem Plan ermöglichen. Der Insolvenzplan wird angenommen, wenn die Mehrheit der in der Gläubigerabstimmung anwesenden Gruppen dem Insolvenzplan zustimmt. Die Wirkung des Insolvenzplans tritt mit der Bestätigung durch das Gericht in Kraft (vgl. Crone & Werner, 2021, S. 113).

Praxisbeispiel

Im Bereich der großen Kaufhäuser bzw. des Modehandels zeigt sich in den letzten Jahren, zusätzlich forciert durch die Corona-Pandemie, eine krisenhafte Entwicklung. Ein bekanntes Beispiel ist der **Düsseldorfer Modehändler Peek & Cloppenburg,** der im März 2023 Insolvenz angemeldet und einen Antrag auf ein **Schutzschirmverfahren** gestellt hat. Laut Aussagen des Managements soll diese Phase dazu genutzt werden, unter Aufsicht eines Sachwalters und mit Unterstützung eines Sanierungsexperten die Restrukturierung des Unternehmens umzusetzen (vgl. Wirtschaftswoche Online, 2023). Dabei sind die folgenden Maßnahmen zur Krisenbewältigung angedacht:

- Streichung von Arbeitsplätzen, wobei in den Verkaufshäusern selbst kein Stellenabbau erfolgen soll, sondern der Schwerpunkt auf einer Anpassung im administrativen Bereich liegen soll,

- Weiterbetrieb der stationären Verkaufshäuser; gegebenenfalls Verkleinerung von Verkaufsflächen und Verhandlung verbesserter Konditionen mit den Vermietern,
- Neujustierung des Omnichannel-Geschäftsmodells als Verbindung von stationärem Angebot mit Onlineshop,
- Stärkere Fokussierung auf stationären Handel; Kostenreduktion und Anpassung des defizitären Online-Handels,
- Ausbau des Kundenkartenprogramms „Insider" zur besseren Kundenansprache.

Die in Frage kommenden Restrukturierungsmaßnahmen und die dafür erforderliche Finanzierung und Liquiditätssicherung sollen mit den wesentlichen Gläubigern und Kapitalgebern (Banken, Eigentümerfamilie, Lieferanten, Vermieter) diskutiert und in einem **Insolvenzplan** konkretisiert werden.

5.3 Mitarbeiter und sonstige Stakeholder im Krisenbewältigungsprozess

Ausgehend von ihren spezifischen Zielsetzungen, verfügen auch die Stakeholder des Unternehmens über unterschiedliche Handlungsmöglichkeiten, um in der Krisensituation ihre Ziele zu verfolgen oder zumindest bestimmte Zielanforderungen zu sichern.

Die Handlungsmöglichkeiten der **Eigenkapitalgeber** (Eigentümer, Finanz- und strategische Investoren, Aktionäre) liegen in einer finanziellen Unterstützung wie auch in sonstigen Unterstützungsmaßnahmen. Eine finanzielle Unterstützung kann durch Eigenkapitalzufuhr in Form von Einlagen oder Kapitalerhöhungen (Ausgabe neuer Aktien oder Entstehung neuer Geschäftsanteile) erfolgen, aber auch z. B. durch Gewährung von Fremdkapital (Gesellschafterdarlehen) oder hybride Kapitalmaßnahmen (vgl. Baur et al., 2015, S. 27 ff.). Über die finanzielle Unterstützung hinaus können Eigenkapitalgeber auch in anderer Form zur Krisenbewältigung beitragen, z. B. durch fachliche Beratung zu Sanierungskonzepten und neuen Geschäftsoptionen, Gewinnung von neuen Kunden und Geschäftspartnern oder Unterstützung bei Verhandlungen mit anderen Stakeholdern.

Die Handlungsmöglichkeiten von **Banken als wesentliche Fremd-kapitalgeber** liegen in erster Linie in der finanziellen Unterstützung des Unternehmens. Dazu gehören die Verlängerung von Krediten bzw. das Gewähren von Zahlungsaufschüben, die Bereitstellung einer Überbrü-ckungsfinanzierung während der Krisenbewältigung sowie die Vergabe zusätzlicher Kredite zur Verbesserung der Finanzsituation und zur Um-setzung von Maßnahmen zur Restrukturierung. Eine weitere Fremdfi-nanzierung durch die Banken wird im Regelfall jedoch nur bei Vorlie-gen werthaltiger Sicherheiten in Verbindung mit einem erfolgverspre-chenden Sanierungsplan gewährt werden. Bei einem Forderungsverzicht werden häufig Besserungsscheine oder Genussscheine vereinbart, die eine teilweise oder vollständige Rückzahlung im Fall einer Besserung der finanziellen Situation vorsehen. Neben der finanziellen Unterstützung sind auch sonstige Hilfestellungen seitens der Banken, wie Beratung in der Krisensituation und Unterstützung bei Verhandlungen mit anderen Stakeholdern, möglich.

Lieferanten stellen ebenfalls wesentliche Gläubiger für das Krisen-unternehmen dar, da sie in der Regel Zahlungsziele für die gelieferten Güter einräumen. Sie können das Krisenunternehmen z. B. durch Ver-längerung von Zahlungsfristen, Preisnachlässe oder Akzeptanz anderer Zahlungsformen (z. B. Ratenzahlung) unterstützen, wobei häufig von den Lieferanten auch Gegenleistungen, wie z. B. die Gewährung exklu-siver Lieferverträge, verlangt werden. Werden die Lieferantenverbind-lichkeiten durch Kreditversicherer abgesichert, so haben auch diese über die Absicherung der für das Krisenunternehmen wesentlichen Liefe-rungen Einfluss auf den Ablauf einer Restrukturierung (vgl. Baur et al., 2015, S. 162 f.). Über die finanziellen Möglichkeiten hinaus können die Lieferanten das Krisenunternehmen durch eine weitere Aufrechter-haltung der Zusammenarbeit und eine flexible Anpassung von Lieferzei-ten und Liefermengen unterstützen.

Die Unterstützungsmöglichkeiten der **Kunden** des Krisenunterneh-mens liegen in erster Linie in der Aufrechterhaltung oder sogar dem Ausbau der Kundenbeziehung, um dem Unternehmen weiterhin eine stabile Absatzbasis zu geben. Hierzu gehört auch eine gewisse Flexibili-tät bei vorübergehenden Lieferproblemen oder bezüglich der Anpassung von Lieferbedingungen. Durch Vorauszahlungen für zu liefernde Produkte und Leistungen kann der Kunde einen Beitrag zur Überbrückung kurzfristiger Liquiditätsengpässe leisten, wobei gegebenenfalls dafür eine Absicherung durch Bankgarantien verlangt wird.

Die Möglichkeiten einer **staatlichen Unterstützung** in der Krise liegen in der Gewährung von finanziellen Unterstützungshilfen in Form von Zuschüssen und Darlehen, der Bereitstellung von Staats- und Landesbürgschaften oder der Gewährung von Steuererleichterungen. Darüber hinaus werden von staatlicher Seite auch Beratungs- oder Unterstützungsmöglichkeiten in Krisensituationen angeboten.

Eine wesentliche Rolle bei der Krisenbewältigung spielen die **Mitarbeiter** des Unternehmens und ihre Vertretungen, insbesondere der **Betriebsrat**. So ist in der Krisensituation der Einsatz der Mitarbeiter besonders gefragt, z. B. durch erhöhte Motivation, Flexibilität und Einbringen von Ideen, Verbesserungsvorschlägen und Lösungsansätzen. Im Hinblick auf eine notwendige Verbesserung der Ergebnis- und Liquiditätssituation ist ein kostenbewusstes und effizientes Agieren und die Unterstützung von Einspar- und Rationalisierungskonzepten von Bedeutung.

Im Rahmen der Krisenbewältigung führen Restrukturierungsprojekte und Sanierungen häufig zu gravierenden Einschnitten für die Belegschaft in Form einer Reduzierung der Personalkosten bzw. eines Personalabbaus. **Personalbezogene Maßnahmen** müssen sorgfältig geplant werden, da umfangreiche tarif- und arbeitsrechtliche Aspekte zu berücksichtigen sind und auch die Gefahr der Verunsicherung und Demotivation der Mitarbeiter und des Verlusts wertvoller Mitarbeiterpotenziale besteht. Zudem sind bei vielen Personalanpassungsmaßnahmen Informations- und Mitspracherechte der Mitarbeiter bzw. des Betriebsrats zu beachten. Die personalbezogenen Maßnahmen bzw. Maßnahmen zur Senkung der Personalkosten können mit oder ohne Personalabbau erfolgen. Mögliche Maßnahmen zur **Senkung der Personalkosten ohne Personalabbau** sind:

- Kurzarbeit: vorübergehende Kürzung bzw. Aussetzung der Arbeitszeit und damit auch der Lohnkosten unter bestimmten Bedingungen; teilweise Kompensation durch Kurzarbeitergeld (Sonderregelungen während der Corona-Krise),

- Flexibilisierung der Arbeitszeit, Überstundenabbau, Arbeiten auf Abruf bei Aushilfskräften,
- Flexibilisierung durch befristete Arbeitsverträge oder Leiharbeit,
- Senkung freiwilliger Leistungen (z. B. Sozialleistungen, Weiterbildung).

Darüber hinaus existieren auch Maßnahmen zur **Senkung der Personalkosten mit sozialverträglichen Formen des Personalabbaus:**

- Ausnutzung der vorhandenen Fluktuation, Verzicht auf Nachbesetzungen,
- Versetzungen mit entsprechenden Umschulungs- und Personalentwicklungsmaßnahmen,
- Angebote zur Fluktuationsförderung, z. B. vorzeitige Pensionierung, Altersteilzeit oder Aufhebungsverträge mit Abfindung,
- Arbeitszeitverkürzung und Teilzeitarbeit.

Gravierende Krisen führen jedoch häufig zu **Personalabbau durch betriebsbedingte Kündigungen bzw. Massenentlassungen.** Werden solche Restrukturierungsmaßnahmen (z. B. massiver Personalabbau durch Stilllegung von Betriebsteilen, Standortverlagerungen oder Outsourcing) erwogen, geht es in der Regel um Betriebsänderungen. In § 111 BetrVG ist neben der bereits dargestellten Informationspflicht des Unternehmens auch geregelt, dass das Unternehmen die geplanten Änderungen mit dem Betriebsrat beraten muss und dieser hierzu auch bei Unternehmen ab 300 Mitarbeitern einen Berater hinzuziehen kann. Der Betriebsrat hat die Aufgabe, sich in der Krisensituation in erster Linie für das Interesse der Mitarbeiter auf Erhaltung ihres Arbeitsplatzes einzusetzen, Alternativkonzepte zur Beschäftigungssicherung zu entwickeln und bei nicht vermeidbarem Arbeitsplatzabbau eine möglichst sozialverträgliche Lösung durchzusetzen. Bei den Verhandlungen zur Betriebsänderung soll im **Interessenausgleich** eine Lösung gefunden werden, die sowohl den wirtschaftlichen Interessen des Unternehmens als auch den Interessen der Arbeitnehmer gerecht wird. Der **Sozialplan** regelt die Minderung bzw. den Ausgleich der mit der Betriebsänderung verbundenen wirtschaftlichen Nachteile für die Beschäftigten (vgl. BetrVG, 2022, § 111–113). Gegebenenfalls sind auch weitere rechtliche Vereinbarungen (z. B. Betriebsvereinbarungen, Sanierungstarifverträge) zur Absicherung erforderlich. Verhandlungen über Betriebsänderungen stellen hohe betriebswirtschaftliche, juristische und auch verhandlungstaktische Anforderungen an die Beteiligten auf Arbeitnehmerseite. Dabei stehen die Mitarbeitervertretungen in einer Krisensituation häufig vor einem Konflikt; auf der einen Seite soll der Krisenbewältigungsprozess aktiv unterstützt werden, um langfristig schlimmere Folgen zu verhindern, auf der anderen Seite soll die Krisenbewältigung nicht einseitig zu Lasten der Mitarbeiter erfolgen. Einer reinen Konsolidierungs- oder Kostensenkungsstrategie werden die Mitarbeiter und Betriebsräte eher kritisch gegenüberstehen, da dadurch die Hauptziele der Arbeitsplatz- und Lohn-/Gehaltssicherung in hohem Maße gefährdet sind. Eine Wachstums- oder Innovationsstrategie, eventuell auch in Kombination mit einer Konsolidierungsstrategie, wird hingegen bei den Mitarbeitern und Betriebsräten eher das Vertrauen in die Zukunftsfähigkeit des Unternehmens bestärken, sodass der eigene Beitrag und gegebenenfalls Verzicht erfolgversprechender erscheinen. Eine wichtige Voraussetzung für die Schaffung einer Akzeptanz bei den Mitarbeitern liegt darin, dass die geplanten Restrukturierungs- und Veränderungsprozesse nachvollziehbar gemacht und die betroffenen Mitarbeiter rechtzeitig und kontinuierlich informiert werden (vgl. Rauch, 2023, S. 85).

Aus den Darstellungen der **Handlungsmöglichkeiten der Stakeholder** wurde deutlich, dass von den Stakeholdern unterschiedliche Unterstützungsmaßnahmen eingebracht werden können, die jedoch häufig mit Anpassungen, Einschnitten und auch finanziellen Einbußen für die Stakeholder verbunden sind. Somit erweist sich eine abgestimmte, gemeinsame Vorgehensweise der Stakeholder zur Rettung des Unternehmens aus der Krisensituation häufig als schwierig, da oftmals die Stakeholder ihren Beitrag auch von dem Verhalten der anderen Stakeholder abhängig machen. Aufgrund der heterogenen Zielsetzungen und der unterschiedlichen Machtpositionen der Stakeholder ist aus Sicht des Krisenunternehmens ein umfassendes **Stakeholder-Management** erforderlich, um Blockaden im Krisenbewältigungsprozess zu verhindern.

Literatur

Baur, M., Kantowsky, J., & Schulte, A. (Hrsg.). (2015). *Stakeholder Management in der Restrukturierung: Perspektiven und Handlungsfelder in der Praxis* (2. Aufl.). Springer Gabler.

Betriebsverfassungsgesetz, Hrsg. (2022). Bundesministerium der Justiz, Bundesamt der Justiz. www.gesetze-im-internet.de/betrvg/BetrVG.pdf. Zugegriffen: 10. Apr. 2023.

Crone, A., & Werner, H. (2021). Sanierungsoptionen im Überblick. *Krisen-, Sanierungs- und Insolvenzberatung (KSI)* 3(2021), 109–115.

Exler, M. W., Situm, M., & Bagari, J. (2023). Auswirkungen extern induzierter Krisen auf die Beschaffungsstrategien. *Krisen-, Sanierungs- und Insolvenzberatung (KSI)* 1(2023), 5–11.

Hinck, L. (2023). Erhöhte Zugangsvoraussetzungen zu Insolvenzverfahren in Eigenverwaltung. *Krisen-, Sanierungs- und Insolvenzberatung (KSI)* 2(2023), 68–73.

Insolvenzordnung (InsO), Hrsg.. (2022). Bundesministerium der Justiz, Bundesamt der Justiz. www.gesetze-im-internet.de/inso/InsO.pdf. Zugegriffen: 10. Apr. 2023.

Kischewski, S., & Wilbois, A. (2020). *Krisenbewältigung bei gravierenden exogen bedingten Krisenursachen am Beispiel der Corona-Pandemie.* Interne Studie, Saarbrücken.

Krystek, U., & Moldenhauer, R. (2007). *Handbuch Krisen- und Restrukturierungsmanagement.* Kohlhammer.

Niering, C., & Hillebrand, C. (2020). *Wege durch die Unternehmenskrise* (4. Aufl.). Springer Gabler.

Institut der Wirtschaftsprüfer e.V. (IDW) (2018). *Anforderungen an Sanierungskonzepte (IDW S6).* IDW-Verlag.

Wirtschaftswoche Online (2023). „Bei P&C werden auch Arbeitsplätze wegfallen müssen", www.wiwo.de/unternehmen/handel/peek-und-cloppenburg-duesseldorf-im-schutzschirmverfahren-bei-pundc-werden-auch-arbeitsplaetze-wegfallen-muessen/29015620.html. Zugegriffen: 22. Mai 2023.

Zell, M. (2008). *Kosten- und Performance Management.* Springer Gabler.

6

Krisenprävention, Business Continuity Management und Krisenresilienz

Fragen, die dieses Kapitel beantwortet

Wie kann eine Risikosteuerung zur Krisenprävention beitragen?
Wie kann die Unternehmensfortführung bei Krisensituationen gesichert werden (Business Continuity Management)?
Wie kann die Widerstandsfähigkeit (Resilienz) von Unternehmen gegenüber Krisensituationen verbessert werden?

Aufwendige Restrukturierungsprozesse in Krisensituationen mit einer hohen Quote gescheiterter Krisenbewältigungsversuche lassen den Wunsch aufkommen, eine Krise nach Möglichkeit gar nicht erst entstehen zu lassen. Eine **Krisenprävention** oder Krisenvorsorge liegt vor, wenn in aktiver Form operative wie auch strategische Maßnahmen zur Krisenverhinderung initiiert werden, ohne dass aktuell bereits eine Krise vorliegt. Dabei bildet insbesondere das Lernen aus eigenen bewältigten Krisen, den Krisen anderer Unternehmen oder den Krisenauswirkungen vergangener externer Krisenursachen eine wichtige Basis für die Auseinandersetzung mit möglichen zukünftigen Krisensituationen (vgl.

© Der/die Autor(en), exklusiv lizenziert an Springer Fachmedien Wiesbaden GmbH,
ein Teil von Springer Nature 2023
M. Zell, *Erfolgreiches Krisenmanagement in Unternehmen*,
https://doi.org/10.1007/978-3-658-43208-9_6

Krystek & Moldenhauer, 2007, S. 79 f.). Krisenprävention baut darauf
auf, das bestehende Risiken erkannt und entsprechende Maßnahmen
zum Risikomanagement bzw. zur Risikosteuerung eingeleitet werden.
Vor allem bei externen Störgrößen gravierenden Ausmaßes (z. B. Cyber-
Angriffen) soll gewährleistet werden, dass das Unternehmen seine Geschäftstätigkeit erfolgreich weiterführen kann (**Business Continuity
Management**). Eine **Krisenresilienz** kann erreicht werden, wenn das
Unternehmen so aufgestellt wird, dass es eine hohe Widerstandskraft
gegenüber Kriseneinflüssen in der Zukunft besitzt.

6.1   Krisenprävention durch Risikosteuerung

Krisenprävention ist eng mit der Thematik des Risikomanagements
im Unternehmen verbunden. Auftretende Einzelrisiken können sich
zu Krisensituationen aggregieren, sodass ein funktionierendes Risikomanagement eine gute Basis für eine Krisenprävention darstellt. Im
Rahmen der Ansätze zur Krisenfrüherkennung wurde bereits dargestellt, wie Risiken identifiziert und nach unterschiedlichen Aspekten
bewertet und eingeordnet werden können (Abschn. 4.1). Die **Risikosteuerung** setzt dort auf, wo auf Basis der Kontrolle und Überwachung
vorhandener Risiken ein Handlungsbedarf zur Reduzierung bzw. Vermeidung wesentlicher, insbesondere existenzbedrohender Risiken erkannt wird. Ein erfolgreiches Unternehmen wird dabei nicht grundsätzlich darauf abzielen, alle identifizierten Risiken zu vermeiden, sondern
wird die Erreichung eines ausgewogenen Verhältnisses zwischen Risiken
und Chancen anstreben. Ausgangspunkt der Risikosteuerung ist deshalb
eine unternehmensbezogene Risikostrategie bzw. Risikokultur, die eine
bestimmte Risikobereitschaft bzw. Risikoakzeptanz bzw. die Erhaltung
eines gewissen Sicherheitsniveaus umfasst.

Die Risikosteuerung kann in Form von ursachenbezogenen Ansätzen
erfolgen; dabei wird aktiv versucht, den Risikoeintritt zu verhindern
oder die Gefahr bzw. Wahrscheinlichkeit des Risikos zu reduzieren. Bei
wirkungsbezogenen Ansätzen wird davon ausgegangen, den Risikoeintritt nicht verhindern zu können, sodass man sich auf Maßnahmen konzentriert, um die Gefährdung bzw. das Schadensausmaß bei

Risikoeintritt zu reduzieren. Ursachen- und wirkungsbezogene Ansätze können auch in kombinierter Form Anwendung finden; so kann sich z. B. ein Unternehmen durch Verbesserung der IT-Sicherheit wirksamer gegen Cyber-Attacken schützen und zugleich ein Notfallkonzept für den Fall, dass der Angriff doch stattfinden sollte, entwickeln.

Eine weitere bekannte Einteilungsmöglichkeit für Risikosteuerungs- maßnahmen ist die Zuordnung zu grundsätzlichen **Risikosteuerungs- strategien** (vgl. z. B. Diederichs, 2018, S. 172 f.):

- **Risikovermeidung:** Dies bedeutet den Verzicht auf risikobehaftete Aktivitäten; ein Beispiel ist der Verzicht auf ein risikoträchtiges In- vestitionsvorhaben. Da Risiken und Chancen eng miteinander ver- bunden sind, beeinträchtigt ein hohes Maß an Risikovermeidung auch die unternehmerischen Erfolgschancen. Deshalb sollte die Risikovermeidung auf Risiken mit hoher Ergebnis- bzw. Liquiditäts- gefährdung, die auch eine Unternehmenskrise auslösen können, be- schränkt bleiben.
- **Risikominderung und Risikobegrenzung:** Hier werden Risiken nicht grundsätzlich ausgeschlossen, sondern durch unterschiedliche Ansätze im Hinblick auf ihre Wirkung reduziert. So kann z. B. durch verbesserte Arbeitsschutzmaßnahmen ein Unfallrisiko gemindert werden. Bei der Risikostreuung werden z. B. unterschiedliche Produktangebote, Finanzanlageformen oder auch lokale und glo- bale Lieferanten risikomindernd kombiniert. Die Risikolimitierung findet sich z. B. in Form der Vereinbarung von Ausstiegsgrenzen für Spekulationsgeschäfte oder auch in Form maximaler Bezugsvolumina von einzelnen Lieferanten, um Abhängigkeiten in der Beschaffung zu verhindern. Auch Risikoteilungen, z. B. in Form gemeinsamer Ent- wicklungsprojekte, sind eine Möglichkeit zur Risikominderung.
- **Risikoüberwälzung:** Das Risiko bleibt weiterhin bestehen, wird aber ganz oder teilweise an Dritte übertragen, die dann als Risikoträger fungieren. Ein häufig angewendetes Instrument ist der Abschluss von Versicherungen. Hier ist allerdings zu beachten, dass Versicherungen nicht alle Risikobereiche abdecken und aufgrund der damit ver- bundenen Versicherungsprämien eine relativ teure Maßnahme dar- stellen. Andere Beispiele für Risikoüberwälzung sind der Verkauf von

Forderungen (Factoring) oder die Vereinbarung von Konventional-
strafen zur Absicherung vertraglicher Verpflichtungen bei Geschäftspartnern.

- **Risikoakzeptanz:** Da nicht alle Risiken ausgeschlossen oder zumindest reduziert werden können, muss das Unternehmen ein be-
  stimmtes Restrisiko tragen können und diesbezüglich über entsprechende finanzielle Reserven verfügen. Auch wenn es sich dabei
  eher um weniger gravierende Risiken handelt, sollten diese trotzdem
  laufend überwacht und beurteilt werden. Im Rechnungswesen können diese Risiken teilweise berücksichtigt und abgebildet werden;
  Beispiele sind die Bildung von Rückstellungen für Garantieansprüche
  oder von Wagniszuschlägen für nicht vermeidbaren Ausschuss in der
  Produktkalkulation.

Im Unterschied zu den bereits vorgestellten Krisenbewältigungsmaßnahmen (Abschn. 5.1) haben die Maßnahmen zur Risikosteuerung
eher präventiven Charakter und sollen das Eintreten bzw. die weitere
Verschärfung der Krise verhindern. Eine Umsetzung der Maßnahmen
sollte in Abhängigkeit der Bedrohung durch die Risiken, die sich durch
die vermutete Schadenshöhe und die Eintrittswahrscheinlichkeit ab-
schätzen lässt, erfolgen. Die konkreten Möglichkeiten für Risikosteue-
rungsmaßnahmen sind sehr vielfältig und reichen von Maßnahmen zur
grundlegenden Sicherung der Unternehmensexistenz und -fortführung
bis zur Absicherung von Einzelrisiken in den einzelnen Unternehmensbereichen.

6.2 Business Continuity Management

In enger Beziehung zur Krisenprävention steht der Begriff des **betrieblichen Kontinuitätsmanagements** bzw. des **Business Continuity Management (BCM)**. BCM versteht sich als ein Managementsystem, bei
dem es um die Sicherstellung der Fortführung einer Geschäftätigkeit
und die Aufrechterhaltung des wirtschaftlichen Erfolgs von Unternehmen auch in Krisenzeiten geht (vgl. Krystek & Moldenhauer, 2007,

S. 90). Obwohl der Begriff bereits seit längerem existiert, gewinnt er durch die aktuellen Bedrohungsszenarien im Unternehmensumfeld verstärkt an Bedeutung. Als Zielsetzung von BCM wird derzeit in erster Linie die Gewährleistung bzw. Wiederherstellung der Funktionsfähigkeit von Unternehmen insbesondere bei Großstörungen verstanden. Existenzielle Bedrohungen, die dadurch entstehen, dass das Unternehmen nicht hinreichend auf diese Situationen vorbereitet ist und keine ausreichenden Sicherheitsmaßnahmen getroffen hat, sollen verhindert werden. Business Continuity Management als aktive Planung und Steuerung eines nachhaltigen Unternehmensfortbestands beinhaltet folgende Schwerpunkte (vgl. Eisele, 2021, S. 162):

- Durchführung von **Präventionsmaßnahmen** zur Vermeidung von Schadensereignissen und zur Reduktion der Auswirkungen von Störgrößen,
- Planung und Durchführung von **Notfallmaßnahmen** als Reaktion auf Krisenereignisse,
- **Maßnahmen zur Wiederherstellung der operativen Betriebstätigkeit** nach eingetretenen Schadensereignissen.

Voraussetzungen für ein Business Continuity Management sind die Förderung eines antizipativen Denkens im Hinblick auf Störungen und Risiken, die Erhöhung der Widerstandsfähigkeit des Unternehmens durch Stabilisieren von Prozessen, Ressourcen und Unternehmensbeziehungen sowie die Installation und Integration eines Business-Continuity-Prozesses bzw. -Managementsystems (vgl. Jossé, 2020, S. 47, 52). Eine Orientierung bei der Verankerung eines Business-Continuity-Managements im Unternehmen findet sich in der Norm ISO 22301, dem internationalen Standard für Business-Continuity-Managementsysteme (vgl. ISO 22301, 2019).

Die wesentlichen Schritte bei der Gestaltung des **Business Continuity Management-Prozesses** umfassen die folgenden Punkte und lassen sich am Beispiel einer Lieferkettenstörung verdeutlichen (vgl. Jossé, 2020, S. 47, 52; Rühl, 2021, S. 40 f.; Scheffler & Dommers, 2023, S. 14 f.).

- **Verstehen des Geschäfts und der Prozesse:** Schaffung von Transparenz über das eigene Geschäftsmodell, die vorhandenen Prozesse und Strukturen und die Beziehungen zu Geschäftspartnern (z. B. Erfassung und Dokumentation der vorliegenden Lieferbeziehungen und Identifizierung von möglichen Schwachstellen, wie etwa Abhängigkeiten von Lieferanten),
- **Business-Impact-Analyse:** Erkennen der Bedeutung von Ressourcen und Prozessen für den Fortbestand des Unternehmens und Ermittlung sowie Abschätzung der potenziellen Folgen von Störungen (z. B. Analyse der konkreten Auswirkungen und Schadenspotenziale möglicher Lieferunterbrechungen),
- **Ursachenanalyse:** Differenzierte Erfassung und Bewertung der Störungsursachen (z. B. Probleme im internationalen Logistikverkehr oder nicht hinreichende Verfügbarkeit von Lieferteilen bei den Hauptlieferanten),
- **Kontinuitätsstrategien:** Entwicklung von grundsätzlichen Lösungsansätzen zur Prozesssicherung und Krisenvermeidung (z. B. Aufbau lokaler Ersatzkapazitäten für die Belieferung),
- **Maßnahmenplanung und –umsetzung:** Festlegung und Vorbereitung konkreter Maßnahmen auf Basis von differenzierten Kontinuitätsplänen inklusive Durchführung von Anwendungstests (z. B. Gewinnung eines alternativen regionalen Lieferanten und Überprüfung hinsichtlich Flexibilität und Lieferbereitschaft),
- **Aufbau einer BCM–Kultur:** Sicherstellung einer aktiven Auseinandersetzung mit potenziellen Störquellen auf allen Unternehmensebenen; dazu gehört neben der Unterstützung durch das Management auch die Einbindung der Mitarbeiter und ein kontinuierliches Lernen aus Erfahrungen und praktischen Übungen sowie eine umfassende Dokumentation der BCM-Prozesse und Steuerungsansätze.

6.3   Verbesserung der Krisenresilienz

Als eine Weiterentwicklung des Business Continuity Managements kann die Schaffung einer **Krisenresilienz** bzw. das **Resilienz-Management** betrachtet werden. Dabei geht es nicht nur um die Bewältigung aktueller Stör- und Betriebsunterbrechungsszenarien, sondern insgesamt um den Umgang mit zukünftigen Disruptionen unterschiedlichster Art (vgl. Scheffler & Dommers, 2021, S. 136). Resilienz wird dabei in der Regel als **organisationale Resilienz** verstanden. Diese organisationale Resilienz wird als Widerstandsfähigkeit gegenüber negativen Entwicklungen und Ereignissen interpretiert und umfasst, ähnlich wie auch das Business Continuity Management, im Rahmen eines Resilienz-Prozesses die präventive Antizipation vor der Krise, die Fähigkeit zur Krisenbewältigung während der Krise sowie die Anpassung an veränderte Umstände nach der Krise (vgl. Müller & Uschkurat, 2021, S. 262). Zur Darstellung der zentralen Treiber der organisationalen Resilienz wird ein Resilienz-Framework vorgeschlagen, das die wesentlichen Stellhebel der Resilienz umfasst (vgl. Schäffer, 2021, S. 31 f.):

- Sicherstellung eines **strategischen Risikomanagements** als angemessene Vorbereitung auf externe Störungen und Entwicklungen,
- Erhöhung der Anpassungsfähigkeit und Flexibilität des Managements **(agiles Management),**
- Sicherstellung einer ausreichenden **Verfügbarkeit von Ressourcen** im Bedarfsfall bzw. einer Krisensituation,
- Erhöhung der **Robustheit und Flexibilität der Wertschöpfung**, bezogen auf Prozesse, Systeme und Strukturen.

Diese Stellhebel bilden die Ausgangsbasis für die Konkretisierung eines **Resilienz-Konzepts** bzw. von Maßnahmen zur Sicherung der Resilienz (vgl. Ahlrichs & Sommerhoff, 2021, S. 28). Sie lassen sich teilweise aus den bereits dargestellten Maßnahmen zur Krisenbewältigung ableiten, gehen aber noch einen Schritt weiter, da sie losgelöst von tatsächlichen Krisenverläufen zu betrachten sind und eher grundsätzliche Ansätze darstellen, die unternehmensspezifisch konkretisiert werden müssen. Abb. 6.1 gibt einen Überblick konkreter Maßnahmen zur Sicherung und Verbesserung der Resilienz.

Die Entwicklung von Resilienz in Krisensituationen ist für die Unternehmen neben der Risikoreduzierung auch mit der Nutzung von Chancen verbunden. So kann Resilienz zu einer im Vergleich mit anderen Unternehmen positiven Unternehmensentwicklung führen, wenn das

Risikobewertung und -steuerung	Verbesserung der Agilität	Sicherstellung von Robustheit
• Risikofrüherkennung (z.B. Szenarioanalyse) • Risikosteuerungs- • konzepte (z.B. Notfallpläne)	• Schnelle Strategiewechsel • Adaptive Prozesse und Projekte, Dezentralisierung • Flexible organisatorische Neustrukturierung	• Robuste Infrastrukturen und Prozesse • Robuste Teamgestaltung und motivierte Mitarbeiter (persönliche Resilienz)
Sicherung Ressourcen-verfügbarkeit	**Vereinfachung und Komplexitätsmanagement**	**Regionalisierung und Integration**
• Verfügbarkeit Mitarbeiter, Finanzmittel, Vorräte, Systeme, Kooperationen • Ggfs. Bildung von Redundanzen zur Absicherung	• Komplexitätsreduzierung bei Produkten, Prozessen und Organisation • Schaffung einfacher, funktionsfähiger Strukturen	• Prüfung regionaler Geschäftspartner • Abbau kultureller und politischer Hürden • Integration von Prozessen
Sicherstellung von Kontinuität	**Diversifizierung**	**Schaffung Innovationskultur**
• Aufbau langfristiger Geschäftsbeziehungen • Aufbau interne Stabilität (Unternehmenskultur, Systeme, Mitarbeiter)	• Ausgewogenes Produkt- und Geschäftsmodell-Portfolio • Ausgewogenheit der Geschäftsbeziehungen	• Verbesserung Fehlerkultur • Förderung/Belohnung von Ideen und Innovationen • Offener Informationsaustausch, Transparenz

Abb. 6.1 Stellhebel und Maßnahmen zur Resilienz in der Krise (Eigene Abbildung, basierend auf: Ahlrichs & Sommerhoff, 2021, S. 28; Schäffer, 2021, S. 31 f.)

Unternehmen durch konstruktive und kreative Zusammenarbeit von Führungskräften, Mitarbeitern und sonstigen Stakeholdern in der Lage ist, unter dem Druck einer Krise neue Vorgehensweisen, Produkte, Prozesse und Geschäftsmodelle zu entwickeln (vgl. Ahlrichs & Sommerhoff, 2021, S. 28). Resilienz kann sich somit innovationsfördernd auswirken; umgekehrt können innovative Ansätze auch zur Erhöhung der Resilienz beitragen.

Literatur

Ahlrichs, F., & Sommerhoff, B. (2021). Organisationale Resilienz und wie sie erreicht werden kann. *Controller Magazin, 5*(2021), 26–29.
Diederichs, M. (2018). *Risikomanagement und Risikocontrolling* (4. Aufl.). Vahlen.

Eisele, O. (2021). Risikomanagement als Teil eines betrieblichen Kontinuitäts-managements. *Zeitschrift für Risikomanagement, 06*(2021), 161–167.

ISO 22301:2019. (2019). Business continuity management systems – Requirements, International Organization for Standardization, Genf. Deutsche Fassung: Sicherheit und Resilienz: Business Continuity Management System – Anforderungen (ISO 22301:2019).

Jossé, G. (2020). *Krisenmanagement und Business Continuity*. Vahlen.

Krystek, U., & Moldenhauer, R. (2007). *Handbuch Krisen- und Restrukturierungsmanagement*. Kohlhammer.

Müller, S., & Uschkurat, M. (2021). Krisenresilienz von Unternehmen. *Krisen-, Sanierungs- und Insolvenzberatung (KSI) 6*(2021), 261–267.

Rühl, U. (2021). *Erfolgreiches Business-Continuity-Management*. Springer Gabler.

Scheffler, R., & Dommers, C. (2023). Betriebsunterbrechungsrisiken: Herausforderungen bei der Umsetzung von BCM in der Praxis. *Zeitschrift für Risikomanagement, 01*(2023), 14–19.

Scheffler, R., & Dommers, C. (2021). Betriebsunterbrechungsrisiken: Zielgerichtete Unterstützung durch Business Continuity Management. *Zeitschrift für Risikomanagement, 05*(2021), 135–136.

Schäffer, U. (2021). Wie resilient sind unsere Unternehmen? *Controller Magazin, 4* (2021), 31–34.

7

Innovationen im Krisenmanagementprozess

Fragen, die dieses Kapitel beantwortet

Welche Formen von Innovationen und innovativen Geschäftsmodellen gibt es?
Wo liegen die aktuellen Schwerpunkte der Innovationstätigkeit?
Warum sind Innovationen wichtig für ein nachhaltiges Krisenmanagement?
Wie können unterschiedliche Innovationarten eine Krisenprävention und Krisenbewältigung unterstützen?
Wie können Innovationsprozesse von Mitarbeitern und sonstigen Stakeholdern unterstützt werden?

Aus der Darstellung der Maßnahmen zur Krisenbewältigung und Krisenprävention wurde bereits deutlich, dass innovationsorientierte Konzepte eine wichtige Rolle im Krisenmanagement einnehmen. Im Folgenden werden zunächst eine Abgrenzung des Innovationsbegriffs und der verschiedenen Arten von Innovationen vorgenommen und die aktuell relevanten Innovationschwerpunkte in den Unternehmen dargestellt. Anschließend wird aufgezeigt, wie sich Innovationen in Abhängigkeit von Krisenursachen, Krisenverläufen und Innovationsarten als wirksames

© Der/die Autor(en), exklusiv lizenziert an Springer Fachmedien Wiesbaden GmbH,
ein Teil von Springer Nature 2023
M. Zell, *Erfolgreiches Krisenmanagement in Unternehmen*,
https://doi.org/10.1007/978-3-658-43208-9_7

Instrument zum Krisenmanagement einsetzen lassen. Ergänzend dazu wird erläutert, welche Auswirkungen Innovationen und neue Geschäftsmodelle auf Mitarbeiter und sonstige Stakeholder haben und wie diese in den Innovationsprozess eingebunden werden können.

7.1 Innovationsarten und innovative Geschäftsmodelle

Eine bekannte Definition des Begriffs **Innovation** liefert das von OECD und Eurostat publizierte Oslo Manual, das sich zu Aufgabe gesetzt hat, Richtlinien für die Sammlung von Daten über Innovationen und die Bewertung von Innovationen zu liefern (vgl. OECD & Eurostat, 2018, S. 19). Danach ist eine Innovation zu verstehen als „ein neues oder verbessertes Produkt oder Prozess oder eine Kombination davon, die sich wesentlich von bisherigen Produkten oder Prozessen unterscheidet und die als Produkt unterschiedlichen Nutzern zur Verfügung gestellt wird bzw. als Prozess von dem Unternehmen genutzt wird" (OECD & Eurostat, 2018, S. 68). Eine Innovation grenzt sich somit ab von einer Invention (Erfindung), die in erster Linie als Prozess der Ideengenerierung und der erstmaligen Umsetzung einer Idee verstanden werden kann. Bei einer Innovation führt die neue Idee zusätzlich auch noch zu einer wirtschaftlichen Umsetzung in Form einer Markteinführung bei Produkten oder einer Implementierung im Unternehmen bei Prozessen (vgl. Vahs & Brem, 2015, S. 21). Innovation ist weiterhin abzugrenzen von Forschung und Entwicklung; hier ist es häufig so, dass die auf Basis von Grundlagenforschung und angewandter Forschung entwickelten Produkte und Technologien eine wesentliche Grundlage für Innovationen darstellen.

Die mit der Neuartigkeit von Innovationen einhergehenden Unsicherheiten und Risiken sowie die hohe Komplexität von Innovationen erfordern ein umfassendes **Innovationsmanagement,** das im Wesentlichen folgende Aspekte umfasst (vgl. Vahs & Brem, 2015, S. 28):

- Festlegung und Verfolgung der Innovationsstrategie,
- Unterstützung des Prozesses der Ideenfindung und -entwicklung,

- Wirtschaftliche Bewertung und Entscheidung zum Aufbau von Innovationspotenzialen,
- Planung und Steuerung der Innovationsprojekte und -prozesse von der Idee bis zur Umsetzung am Markt oder in der Unternehmensorganisation,
- Schaffung einer innovationsfördernden Organisationsstruktur und Unternehmenskultur,
- Installation eines umfassenden Informationssystems und eines Kommunikationssystems unter Einbeziehung aller relevanten internen und externen Bezugsgruppen des Unternehmens.

Innovationen lassen sich nach bestimmten Kategorien (Innovationsarten, -formen oder -typen) systematisieren (vgl. Vahs & Brem, 2015, S. 52 ff.). Ein Kriterium ist der **Neuheitsgrad** einer Innovation. In diesem Zusammenhang stellen Basisinnovationen einen Durchbruch bezüglich einer Technologie oder bezüglich Organisation und Prozessen dar, Verbesserungsinnovationen repräsentieren eine Weiterentwicklung, und Anpassungsinnovationen passen bereits vorhandene Technologien oder Leistungen an spezielle Kundenwünsche an (vgl. Gaubinger, 2021, S. 31 f.). In Bezug auf den **Veränderungsumfang** einer Innovation finden sich ergänzende und teilweise überschneidende Begrifflichkeiten. So sind Inkrementalinnovationen in der Regel Anpassungs- oder Verbesserungsinnovationen, die vorhandene Technologien oder Prozesse schrittweise weiterentwickeln. Radikalinnovationen sind häufig auch Basisinnovationen und bewirken wesentliche Veränderungen in den Unternehmen mit entsprechendem wirtschaftlichem Risiko. Disruptive Innovationen führen zu elementaren Veränderungen durch neue, kundenorientierte Leistungsdimensionen und Eigenschaften, mit denen vorhandene Technologien oder Produkte verdrängt werden.

Ein zentrales Differenzierungskriterium für Innovationen ist der **Gegenstandsbereich bzw. das Objekt** der Innovation; damit wird ausgedrückt, auf welchen Schwerpunkt bzw. welches Objekt eines Unternehmens sich die Innovation bezieht. Diese Form der Differenzierung ist auch für den Zusammenhang von Innovationen und Krisenmanagement von Bedeutung und wird deshalb hier weiter vertieft. So schlagen OECD und Eurostat im Oslo Manual eine Einteilung in zwei grundlegende Typen von Innovationsobjekten vor (vgl. OECD & Eurostat, 2018, S. 70 ff.):

- **Produktinnovationen** werden verstanden als „neue oder verbesserte Güter oder Dienstleistungen, die sich wesentlich von den bisherigen Gütern und Dienstleistungen unterscheiden und die auf dem Markt eingeführt sind" (vgl. OECD & Eurostat, 2018, S. 70). Unter Gütern (Goods) werden sowohl physische Objekte wie auch immaterielle Güter (z. B. Software, Musik) verstanden, während Dienstleistungen (Services) Aktivitäten darstellen, die in der Regel gleichzeitig erstellt und vom Nutzer beansprucht werden. Güter und Services werden aktuell häufig auch in Kombination angeboten; Beispiele sind produktbegleitende Wartungen oder Versicherungen.
- **Geschäftsprozessinnovationen** verstehen sich als „neue oder verbesserte Prozesse für eine oder mehrere Unternehmensfunktionen, die sich signifikant von früheren Geschäftsprozessen unterscheiden und die im Unternehmen zum Einsatz kommen" (vgl. OECD & Eurostat, 2018, S. 72). Sie stellen eine sehr vielschichtige Gruppe von Innovationen dar und betreffen die Aktivitäten von Unternehmen einschließlich Kernaktivitäten und Unterstützungsprozessen entlang der Wertschöpfungskette. In Abgrenzung zu Produktinnovationen ist der Nutzer nicht der externe Kunde, sondern das Unternehmen selbst. Im Oslo Manual wird eine weitere Einteilung dieser Prozesse nach Unternehmensprozessen vorgeschlagen.

Über diese Differenzierung von Innovationen hinaus finden sich alternative Unterteilungen für **Geschäftsprozessinnovationen** (vgl. z. B. Vahs & Brem, 2015, S. 55 ff.). Dazu gehören:

- **Prozess- bzw. Verfahrensinnovationen:** Neue Ansätze und Verbesserungen bei den für die Leistungserstellung erforderlichen materiellen, technologischen und informationsbezogenen Prozessen und Verfahren (z. B. Produktion, Logistik, Informationsverarbeitung),
- **Sozialinnovationen:** Neuartige Ansätze zur Erreichung sozialer und mitarbeiterbezogener Ziele, wie gesellschaftlicher Nutzen, Wohlbefinden, Gesundheit, Arbeitssicherheit, Arbeitszufriedenheit und Verbes-

serung der Arbeitsorganisation; sie stehen in engem Zusammenhang mit der Gestaltung der Unternehmenskultur, sodass auch der Begriff kulturelle Innovationen verwendet wird (vgl. Disselkamp, 2012, S. 29 f.),

- **Strukturinnovationen bzw. organisatorische Innovationen:** Verbesserungen und neuartige Entwicklungen in der Gestaltung der Aufbau- und Ablauforganisation,
- **Marketinginnovationen:** Neue bzw. angepasste Marketingkonzepte und Vertriebskanäle und Neuorientierung der Marketing- und Kundenstrategie,
- **Geschäftsmodellinnovationen:** Gestaltung und Durchführung neuer Formen der Wertschöpfungsaktivitäten im Unternehmen, um einen höheren Kundennutzen zu erzielen und Wettbewerbsvorteile zu generieren.

Zwischen Produktinnovationen und Geschäftsprozessinnovationen können vielfältige Beziehungen und Verbindungen bestehen. So erfordern neue Produkte oft auch Neugestaltungen der damit zusammenhängenden Prozesse, und Prozessverbesserungen können sich auch in hohem Maße auf die Qualität eines Produktes auswirken. Auch die anderen Innovationsarten sind oftmals eng miteinander verbunden und schwer abgrenzbar. Insbesondere die Abgrenzung zwischen organisatorischen und sozialen Innovationen ist nicht eindeutig; so können z. B. Innovationen im Bereich der Arbeitsorganisation sowohl als soziale Innovation wie auch als organisatorische Innovation betrachtet werden. Insbesondere aus Mitarbeitersicht kann es sinnvoll sein, **arbeitsorganisatorische Innovationen** separat zu definieren und abzugrenzen. Diese Innovationen sind zwar oft von technologischen und organisatorischen Veränderungen (z. B. Automatisierung, Digitalisierung) beeinflusst und fokussieren damit stark auf Rationalisierungs- und Effizienzverbesserungsziele, schließen aber auch soziale Aspekte, z. B. in Bezug auf Arbeitsplatzgestaltung, Arbeitszeitmodelle oder Schaffung von Motivations- und Leistungsanreizen mit ein (vgl. Kleemann, 2021, S. 5).

Eine vertiefende Betrachtung erfordern die bereits genannten **Geschäftsmodellinnovationen**, die in der letzten Zeit im Hinblick auf Krisenprävention und zukunftsorientierte Unternehmensausrichtung zunehmend an Bedeutung gewinnen. Die Elemente eines Geschäftsmodells werden umfassend in dem St. Gallener **Business Model Navigator** beschrieben und anhand eines Dreiecks mit vier Dimensionen dargestellt. Zusammengefasst lässt sich ein Geschäftsmodell anhand der folgenden Kriterien bzw. Dimensionen ableiten (vgl. Gassmann et al., 2021, S. 63 f.):

- **Wer?** Diese Dimension umfasst die vom Unternehmen adressierten Kunden und sonstigen einbezogenen Anspruchsgruppen, die Gestaltung der Vertriebskanäle und eine eventuelle Kundensegmentierung mit gegebenenfalls unterschiedlichen Geschäftsbeziehungen.
- **Was?** Dabei geht es um das Nutzenversprechen gegenüber dem Kunden in Form der Erfüllung von Kundenwünschen, der Behebung kundenspezifischer Probleme und damit der Wertgenerierung für den Kunden durch Produkte und Dienstleistungen, auch in Abgrenzung zu den Wettbewerbern.
- **Wie?** Dies beinhaltet den effizienten Ressourceneinsatz, die erforderlichen und eventuell neuen Aktivitäten und Fähigkeiten und die Gestaltung der Zusammenarbeit mit wichtigen Geschäftspartnern.
- **Wert?** Hier geht es um die Wertgenerierung für das Unternehmen selbst; dazu gehört die Identifikation der wesentlichen Kostentreiber und finanziellen Risiken sowie die Gestaltung alternativer Ertragsquellen und Zahlungswege.

Im Rahmen des Business Model Navigators werden eine Vielzahl von Geschäftsmodellinnovationen dargestellt und bewertet. Dabei wird betont, dass ca. 90 % der vermeintlich neu entwickelten Geschäftsmodelle nicht wirklich neu sind, sondern auf bereits vorhandenen Mustern beruhen, die in kreativer Form imitiert oder von einer anderen Branche oder Anwendung auf das eigene Unternehmen übertragen werden. Letztendlich beruht das Prinzip des Business Model Navigators darauf, auf Basis einer Analyse der beteiligten Akteure (z. B. Kunden, Wettbewerber, Geschäftspartner) und der aktuell vorliegenden Einflussfaktoren

(z. B. vorhandene Technologien, aktuelle Gesetzgebungen, Marktanforderungen, Kundenbedürfnisse) Ideen für Geschäftsmodelle zu generieren, die im Wesentlichen auf der Adaption und Rekombination vorhandener Muster und Geschäftsmodelle basieren, und diese Ideen dann im eigenen Unternehmen in konsistenter Form zu integrieren (vgl. Gassmann et al., 2021, S. 31 ff.).

Praxisbeispiel

Ein im Business Model Navigator dargestelltes, bekanntes Beispiel für ein bereits seit längerem existierendes, aber aktuell stetig weiterentwickeltes **Geschäftsmodell** ist das **Self-Service-Prinzip.** Hier werden zunehmend Wertschöpfungsaktivitäten auf den Kunden übertragen (z. B. die Übertragung von Produktauswahl, Produktzusammenstellung bis hin zu selbständiger Zahlungsabwicklung). Dabei ist das Self Service Prinzip je nach Branche und Unternehmenstyp unterschiedlich stark verbreitet. So war z. B. bisher die Bäckereibranche durch Bedienung am Tresen charakterisiert, bis das Unternehmen *Backwerk* in 2001 erfolgreich die erste Selbstbedienungsbäckerei einführte (vgl. Gassmann et al., 2021, S. 324 f.).

Die Erweiterung von Self-Service-Geschäftsmodellen führt zu Kosten- und Ressourceneinsparungen durch Nutzung der Arbeitsleistung des Kunden sowie zu veränderten Prozessen für das Unternehmen, im Regelfall verbunden mit deutlicher Personalreduzierung. Neben der Verbesserung der Kostenposition kann auch dem derzeit häufig auftretenden Risiko der mangelnden Verfügbarkeit von Arbeitskräften und damit einer möglichen **Krisensituation präventiv begegnet** werden. Aus Kundensicht ergeben sich neben dem Vorteil niedrigerer Preise durchaus ambivalente Folgewirkungen. So kann die erhöhte Autonomie vom Kunden positiv wahrgenommen werden (z. B. Zeiteinsparung, selbstbestimmtes Vorgehen und Entscheidungsfreiheit), aber auch als negativ betrachtet werden (z. B. erhöhter Eigenaufwand, mangelnde Unterstützung bei Problemen, sinkender Erlebniswert beim Einkauf oder im Restaurant).

Geschäftsmodellinnovationen werden teilweise als eigene Innovationsart neben anderen Innovationsarten aufgeführt (vgl. Vahs & Brem, 2015, S. 31 ff.). Das Oslo Manual empfiehlt allerdings, diese nicht isoliert neben andere Innovationsarten zu stellen, da eine Abgrenzung nur schwer möglich ist. Geschäftsmodellinnovationen können aufgrund ihres umfassenden, mehrdimensionalen Charakters mehrere andere Innovationsarten umfassen und kombinieren (vgl. OECD & Eurostat, 2018, S. 77). So weist die Dimension „Wer?" einen engen Bezug zu Kunden- bzw. Marketinginnovationen auf, die Dimension „Was?" bezieht sich sehr stark auf Produkte und Dienstleistungen, die Dimension „Wie?" greift Aspekte von Struktur-, Organisations- und Sozialinnovationen auf und die Dimension „Wert?" findet sich auch bei Prozess- bzw. Verfahrensinnovationen wieder. Häufig werden bei den aktuellen Geschäftsmodellinnovationen keine neuen Produkte bereitgestellt, sondern innovative Güter- und Servicekombinationen in Verbindung mit veränderten Marketing- und Vertriebskonzepten entwickelt, die wiederum in den Unternehmen mit organisatorischen und auch sozialen Veränderungen einhergehen.

Den nachfolgenden Ausführungen zum Thema Innovation als Bestandteil des Krisenmanagements liegt die in Abb. 7.1 dargestellte Einteilung nach Innovationsobjekten zugrunde. Arbeitsorganisatorische Innovationen, die sich an der Schnittstelle von organisatorischen und sozialen Innovationen befinden, werden ergänzend mit aufgeführt.

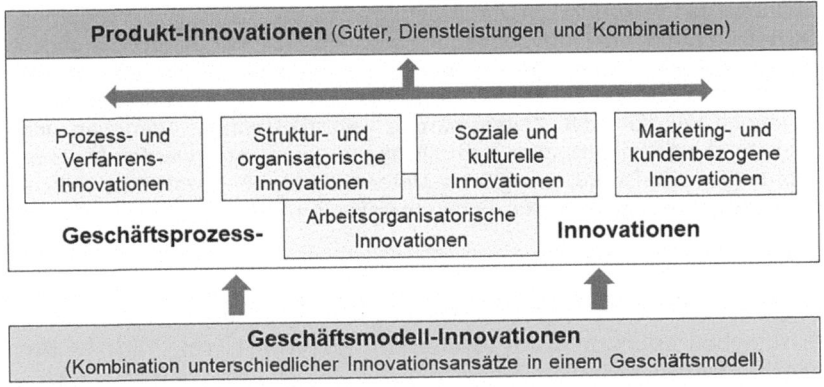

Abb. 7.1 Einteilung von Innovationen nach Innovationsobjekten. (Eigene Abbildung, in Anlehnung an: OECD/Eurostat, 2018, S. 70 ff.; Vahs, Brem, 2015, S. 55 f.)

7.2 Aktuelle Innovationsschwerpunkte

Die aktuelle Situation der Unternehmen ist auf der einen Seite durch umfassende Transformationsprozesse, insbesondere die Digitalisierung und die Nachhaltigkeitsthematik, auf der anderen Seite durch die aktuellen Krisenfelder, wie Pandemien und kriegerische Auseinandersetzungen, geprägt. Diese Entwicklungen haben einen wesentlichen Einfluss auf die **aktuellen Innovationsschwerpunkte** der Unternehmen. Auch seitens der Politik werden Innovationsthemen definiert, die zur Erzielung eines angestrebten wirtschaftlichen und gesellschaftlichen Nutzens schwerpunktmäßig angegangen werden sollen.

So zeigen der **Bundesbericht für und Innovation 2022** (vgl. Bundesministerium für Bildung und Forschung, 2022, S. 10 ff.) sowie die aktuelle **Zukunftsstrategie für Forschung und Innovation der Bundesregierung 2023** (vgl. Bundesministerium für Bildung und Forschung, 2023, S. 32 ff.) angesichts der aktuellen politischen, gesellschaftlichen und umweltbezogenen Herausforderungen einige zentrale Zukunftsfelder auf, für die im Sinne von Missionen Transformationspfade aufgezeigt, Handlungsbedarfe identifiziert und Ziele und Aktivitäten priorisiert werden sollen:

- **Sicherung der Souveränität Deutschlands und Europas:** Dies beinhaltet die selbstbestimmte Anwendung von Technologien in Bereichen wie künstliche Intelligenz, Quantentechnologie und High Performance Computing, Mikroelektronik, Kommunikations- und Vernetzungssysteme, IT- und Cybersicherheit, Batteriezellenfertigung, sowie Raumfahrt und Weltraumnutzung. Zielsetzung ist die Sicherung der internationalen Wettbewerbsfähigkeit unter Vermeidung einseitiger Abhängigkeiten.
- **Steigerung der Digitalisierungsdynamik, Schaffung sicherer und leistungsfähiger Infrastrukturen und Hebung von Datenpotenzialen:** Die Digitalisierung soll, insbesondere auch für kleinere und mittlere Unternehmen, neue Wertschöpfungspotenziale und Geschäftsmodelle in Bereichen wie Kommunikation, Mobilität, Ge-

sundheitswesen und sozialen Innovationen ermöglichen. Dateninfrastrukturen sollen aufgebaut und Innovationen zur Verbesserung der IT- und Datensicherheit und des Datenschutzes unterstützt werden.

- **Schutz von Klima und Umwelt, ressourcenbewusstes Wirtschaften und Beschleunigung der Energiewende:** Wichtige Innovationsfelder liegen diesbezüglich in der Reduzierung von Treibhausgasemissionen, dem Ausbau einer ressourceneffizienten Kreislaufwirtschaft, der Nutzung erneuerbarer Energien und einer nachhaltigen Mobilitätsentwicklung.
- **Stärkung der Resilienz in allen gesellschaftlichen Bereichen:** Dies beinhaltet innovative Ansätze zur Verbesserung der Anpassungs- und Transformationsfähigkeit sowie der Resilienz für die Unternehmen in Krisensituationen, aber insbesondere auch Innovationen im Bereich der Gesundheitsversorgung, wie die Bekämpfung wesentlicher Krankheiten, die Gesundheitsprävention mit Impfstoffen und den Aufbau eines leistungsstarken Gesundheitssystems mit verbesserter Diagnostik und Therapie durch Digitalisierung und Informationsaustausch.

Die Forderungen bzw. Erwartungen von Politik und gesellschaftlichen Institutionen hinsichtlich der relevanten Innovationsschwerpunkte werden von den Unternehmen in unterschiedlichem Maße aufgegriffen und umgesetzt. Konsens besteht darüber, dass Unternehmen in Zukunft nur dann erfolgreich sein werden, wenn sie **nachhaltige Produkte und Geschäftsmodelle entwickeln,** die **digitale Transformation vorantreiben** und ihre **Resilienz gegenüber externen Einflüssen**, wie Pandemien oder politische und kriegerische Auseinandersetzungen, **verbessern.** Es wird aber auch deutlich, das **soziale Innovationen zur Verbesserung von Gesundheit, Wohlbefinden und Schutz der Gesellschaft** an Relevanz zunehmen. Aus Sicht der Mitarbeiter gewinnen **arbeitsorganisatorische Innovationen** an Bedeutung, mit denen negative Auswirkungen der Produkt-, Prozess- und Geschäftsmodellinnovationen verhindert und neue Arbeitsgestaltungsmöglichkeiten genutzt werden können. Wie stark die Unternehmen sich tatsächlich mit diesen Innovationsthemen beschäftigen bzw. welchen Reifegrad sie hinsichtlich der wesentlichen Trends aufweisen, lässt sich ansatzweise anhand branchenspezifischer Untersuchungen zur Zukunftsfähigkeit (Future Readiness Index) beurteilen (vgl. KPMG, 2022). Letztendlich bleibt es jedoch Aufgabe der jeweiligen Unternehmen, ihre eigenen, individuellen Innovationsschwerpunkte zu setzen.

7.3 Innovationen als Instrument zur Krisenbewältigung und -prävention

Es steht außer Frage, dass Innovationen grundsätzlich einen wesentlicher Erfolgsfaktor für Unternehmen darstellen und die Entwicklung innovativer Produkte und Prozesse eine zentrale Aufgabe für das Management der Unternehmen ist. Häufig stellen auch mangelnde Innovationsfähigkeit, unzureichende Innovationsressourcen, zu risikoscheues Agieren oder Ausruhen auf aktuellen Erfolgen Ursachen dar, die dazu führen, dass Unternehmen in Krisensituationen geraten (vgl. Hutzschenreuter, 2010, S. 32). In den vorangegangenen Kapiteln (Abschn. 5.1, 6.3) wurde bereits deutlich, dass innovationsbezogene Maßnahmen grundsätzlich zur Bewältigung und Prävention von Krisensituationen infrage kommen. Im Folgenden wird zunächst untersucht, welche Bedeutung innovationsbezogene Ansätze, auch im Verhältnis zu anderen Maßnahmen, als Teil des Krisenmanagements einnehmen, und wie die Rolle dieser Maßnahmen grundsätzlich eingeschätzt wird. Anschließend wird die Frage behandelt, in welchen Krisenphasen welche Innovationsarten sinnvoll erscheinen. Darüber hinaus wird der Versuch unternommen, den unterschiedlichen Krisenformen und Krisenursachen geeignete Innovationsarten bzw. Innovationsstrategien zuzuordnen.

7.3.1 Bedeutung von Innovationen im Krisenmanagement-Prozess

Die Erfolgsaussichten innovationsbezogener Ansätze zur Krisenbewältigung hängen in hohem Maße mit der Thematik der Krisenfrüherkennung (Abschn. 4.1) zusammen. Häufig wird erst eine Handlungsnotwendigkeit gesehen, wenn die Krise bereits in das Stadium der ergebnis- oder gar liquiditätsbezogenen Krise übergegangen ist. Liegt ein solcher Krisenfortschritt vor, führt dies häufig zu einer Fokussierung auf die Vermeidung von Risiken und auf ein Verhindern des weiteren Niedergangs des Unternehmens. In Abhängigkeit von dem vorhandenen Denkradius der Unternehmen lassen sich drei Kategorien von **Handlungsoptionen in der Krise** unterscheiden (vgl. Henke, 2021, S. 32):

- **Abwarten und Hoffen auf bessere Zeiten oder Auflösen der Krisensituation:** Viele Unternehmen warten zu lange mit dem Gegensteuern; entsprechend schlecht ist letztendlich auch die Erfolgsbilanz dieses Konzepts.

- **Restrukturierung/Sanierung auf Basis der vorliegenden Denkmuster:** Unternehmen reagieren eher defensiv auf die Krisensituation und versuchen, in erster Linie den Status Quo zu sichern, anstatt sich auf die veränderte Situation einzustellen und sich neu zu orientieren. Es wird versucht, die Krise mit bekannten Konzepten der Kostenreduzierung oder Umsatzverbesserung ohne grundsätzliche Strategieveränderung zu bewältigen. Auch hier sind die Erfolgsaussichten eingeschränkt; viele Restrukturierungen und Sanierungen dieser Kategorie scheitern. Dazu kommt, dass die hier getroffenen Restrukturierungsmaßnahmen in der Regel mit einem hohen Maß an interner Steuerung, Regulierung und Kontrolle verbunden sind, was wiederum die Eigeninitiative und Kreativität der Mitarbeiter reduziert und eher innovationsmindernd wirkt.

- **Krisenbewältigung durch neue Denkweisen und Paradigmenwechsel:** Im Rahmen einer eher offensiven Reaktion werden Strategien und Geschäftsmodelle entwickelt, die von stufenweisen Veränderungen hin zu tiefgreifend neuen, innovativen Ansätzen reichen. Das Management sieht sich gefordert, Risiken einzugehen und zusammen mit den Mitarbeitern neue Wege zu beschreiten, um eine Chance zu haben, die Wettbewerbsfähigkeit wiederzuerlangen und aus der Krise wieder auf Erfolgskurs zu kommen. Häufig bieten diese Handlungsoptionen die Chance für eine Neuausrichtung des Unternehmens und einen dauerhaften Unternehmenserfolg.

Eine Analyse der **Erfolgsfaktoren von Sanierungen und Restrukturierungen** im Rahmen einer Befragung ausgewählter sanierter bzw. restrukturierter Unternehmen ergab, dass finanz- und ergebniswirtschaftliche Maßnahmen zur Krisenbewältigung häufig mit negativen Auswirkungen im Hinblick auf die Zielsetzung einer nachhaltigen Unternehmenssanierung verbunden waren. Im Gegenzug ergab sich bei Anpassungen des Geschäftsmodells, umfassenden Transformationen im Unternehmen und Realisierung von Innovationsprojekten eine positive Korrelation zum nachhaltigen Sanierungserfolg; allerdings wurden Transformations- und Innovationsansätze nur in relativ geringem Umfang zur Krisenbewältigung genutzt (vgl. Behrend & Möllers, 2021, S. 135). Unternehmen sollten sich sowohl für eine Krisenprävention wie auch für eine Krisenbewältigung mit Transformations- und Innovationsprozessen frühzeitig auseinandersetzen, um im Bedarfsfall krisentaugliche Innovationskonzepte zur Anwendung bringen zu können (vgl. Postler & Schellinger, 2018, S. 156). Krisensignale können dabei auch eine „heilsame" Wirkung haben, wenn sie neue Denkprozesse und Entscheidungswege anstoßen (vgl. Hutzschenreuter, 2010, S. 32).

Die Durchführung von Transformations- und Innovationsmaßnahmen ist aus operativer Sicht mit der Bereitstellung eines entsprechenden Forschungs- und Entwicklungs- bzw. Innovationsbudgets verbunden. Bei negativer Gewinnentwicklung oder Liquiditätsengpässen in einer Krisensituation stehen auch diese Aufwendungen in der Regel zur Diskussion, da durch eine Reduktion kurzfristig eine Ergebnis- bzw. Liquiditätsverbesserung erreicht werden kann. Auf der anderen Seite besteht allerdings die Gefahr, dass die Innovationsfähigkeit des Unternehmens weiter reduziert wird und damit mittel- bis langfristig Wettbewerbsnachteile auftreten. Teilweise erhöhen innovative Unternehmen in Krisenphasen ihr Forschungs- und Entwicklungsbudget, um mit neuen Ideen und Produkten aus der Krise hervorzugehen. Als bekanntes Beispiel wird Apple genannt, die während der Dotcom-Krise zu Beginn des Jahrtausends ihr F&E-Budget erhöhten, woraus letztendlich die Entwicklung und erfolgreiche Einführung des iPods hervorging (vgl. Ernst, 2010, S. 22). Auf der anderen Seite bedeuten knappere Innovations-Ressourcen nicht zwingend, dass keine erfolgversprechenden Innovationen mehr möglich sind. Hier gilt es, die vorhandenen Ressourcen effizient einzusetzen, indem entweder eine Fokussierung auf erfolgversprechende Projekte stattfindet (Portfoliomanagement) oder vorhandene interne und externe Ressourcen (Mitarbeiter, Geschäftspartner, Kooperationen) sinnvoll für die Entwicklung von Innovationen genutzt werden (vgl. Postler & Schellinger, 2018, S. 157). Eine reduzierte Ressourcenausstattung in der Krise kann auch zu einer erhöhten Kreativität und damit möglicherweise Innovations-Durchbrüchen führen. Als klassische Beispiele für Innovationen, die aus einer schwierigen finanziellen Lage heraus entstanden, werden IBM mit dem Markteintritt des PC und Nintendo mit der Einführung der Spielkonsole Wii genannt (vgl. Ernst, 2010, S. 22).

7.3.2 Eignung von Innovationsarten in einzelnen Krisenphasen

Im Folgenden wird versucht, einen Zusammenhang zwischen den **Entwicklungsphasen einer Krise** und den **Einsatz- und Erfolgsmöglichkeiten unterschiedlicher Innovationsarten** herzustellen. Es wurde bereits deutlich, dass Unternehmen in einer potenziellen bzw. einer strategischen Krise in der Regel noch einen relativ hohen Handlungsspielraum, hinreichend Zeit sowie noch vorhandene finanzielle Ressourcen besitzen, um Innovationen zu entwickeln und einzuführen. Mit fortschreitender Krise sinkt jedoch der Handlungsspielraum im Sinne der grundsätzlich vorhandenen Möglichkeiten und Entscheidungsalternativen, der Zeithorizont für erfolgversprechende Maßnahmen zur Krisenbewältigung nimmt ab, und durch die Verschlechterung der Ergebnis- und Liquiditätssituation reduzieren sich die zur Verfügung stehenden finanziellen Mittel.

Dieser Zusammenhang beeinflusst die Innovationsaktivitäten des Unternehmens in Abhängigkeit ihres **Neuheitsgrads** bzw. ihrem **Veränderungsumfangs** in unterschiedlicher Form. Insbesondere Basisinnovationen bzw. Innovationen mit disruptivem oder radikalem Charakter benötigen mehr verfügbare Handlungsspielräume, mehr Zeit und eine größere Verfügbarkeit finanzieller Mittel als Anpassungs- bzw. Inkrementalinnovationen (vgl. Postler & Schellinger, 2018, S. 166). Innovationen mit hohem Neuheitsgrad und Veränderungsumfang sind zwar grundsätzlich auch in fortgeschrittenen Krisenphasen denkbar, erfordern jedoch in der Regel eine Erprobungs- bzw. Testphase mit einem entsprechenden Zeitbedarf. Unterbleibt diese, ist eine solche Innovation mit einem erhöhten Risiko verbunden. Im Falle des Scheiterns kann es aufgrund der angespannten finanziellen Situation des Krisenunternehmens zu einer weiteren Krisenverschärfung bis hin zur Insolvenz führen, sodass viele Entscheidungsträger in Krisenunternehmen vor diesem vermeintlich „letzten Versuch" zurückschrecken (vgl. Exler et al., 2021, S. 167).

Neben der Differenzierung von Innovationen nach Neuheitsgrad und Veränderungsumfang kann auch versucht werden, Beziehungen zwischen den **Innovationsarten bzw. den Innovationsobjekten** und den **Einsatzmöglichkeiten in einzelnen Krisenphasen** herzustellen. Diese Zusammenhänge werden in Abb. 7.2 dargestellt.

Abb. 7.2 Zusammenhang zwischen Innovationsarten und Krisenphasen

In der Abbildung kennzeichnet die dunkle Hinterlegung bei den jeweiligen Innovationsarten den abnehmenden Handlungsspielraum bei fortschreitender Krisenentwicklung. Grundsätzlich lässt sich auch hier feststellen, dass die Innovationsarten in Abhängigkeit ihres Neuheitsgrades bzw. Veränderungsumfangs unterschiedlich für den Einsatz in den jeweiligen Krisenphasen geeignet sind. So ist bei **Produktinnovationen** die Entwicklung neuer Produkte mit einem hohen Ressourcen- und Zeitaufwand verbunden, sodass diese Option in einer fortgeschrittenen Krisensituation kaum möglich ist. Zudem muss bedacht werden, dass laut vorliegenden Untersuchungen nur ein vergleichsweise niedriger Anteil von Produktinnovationsprojekten tatsächlich wirtschaftlich erfolgreich ist (vgl. Vahs & Brem, 2015, S. 54); somit liegt hier ein hohes Risiko eines endgültigen Scheiterns eines Unternehmens vor. Neue Produktkombinationen, z. B. die Verbindung physischer Produkte bzw. Güter mit Servicekomponenten, sind hingegen eher realisierbar, da zumindest ein Teil des Produktangebots bereits im Unternehmen vorhanden ist. Produktverbesserungen und -anpassungen lassen sich auch im fortgeschrittenen Krisenstadium noch durchführen und machen insbesondere dann Sinn, wenn produktbezogene Defizite (z. B. Qualität, Funktionalität, Variantenspektrum) mit als krisenverursachend identifiziert wurden. Ähnlich wie bei den Produktinnovationen spielt auch bei **Prozess- und Verfahrensinnovationen** neben den benötigten finanziellen Ressourcen die benötigte Vorlaufzeit zur Umsetzung der Innovation eine wesentliche Rolle (vgl. Exler et al., 2021, S. 168). Neue Ansätze zur Prozess- und Verfahrensgestaltung sind aufwendig und zeitintensiv und somit eher für die potenzielle und strategische Krise geeignet, während entsprechende Anpassungen und Verbesserungen auch in späteren Krisenphasen noch möglich sind. **Strukturelle bzw. organisatorische Innovationen** im Sinne der Veränderung von Aufbau- und Ablauforganisation sind ebenfalls mit fortschreitendem Krisenverlauf immer schwieriger durchführbar, jedoch oftmals unvermeidlich, wenn das Unternehmen einen ernsthaften Veränderungsprozess umsetzen will. Dazu gehören Maßnahmen zur Anpassung an veränderte Rahmenbedingungen (z. B. schlankere und effizientere Organisationsstrukturen) sowie prozessorientierte Maßnahmen zur Rationalisierung, Kostensenkung und Produktivitätssteigerung. Ähnliches

gilt für **arbeitsorganisatorische, soziale und kulturelle Innovationen**;
auch diese benötigen in der Regel eine längere Vorlaufzeit, können sich
aber in der Krisensituation als unvermeidlich herausstellen, um z. B.
die Fluktuation wichtiger Fachkräfte zu verhindern, die Motivation der
Mitarbeiter zu erhöhen und das Betriebsklima zu verbessern. **Marke-
ting- und kundenbezogene Innovationen** weisen einen hohen Grad
der Unsicherheit bezüglich ihres zu erwartenden Erfolgs auf; neben eher
komplexen, strategisch orientierten Marketing- und Vertriebskonzepten zur besseren Kundenerreichung können auch kurzfristige Anpassungen sinnvoll sein. Dies ist insbesondere bei externen Krisen, die zu
einer disruptiven Veränderung der Markt- und Wettbewerbssituation
führen, der Fall; ein konkretes Beispiel sind die alternativen Kunden-
belieferungsstrategien anlässlich der Corona-Pandemie (z. B. Click &
Collect). **Geschäftsmodellinnovationen** kombinieren unterschiedliche
Bestandteile der genannten Innovationen zu einem gesamtheitlichen
Wertschöpfungskonzept und sind in der Regel mit hohem Ressourcen-
und Zeitaufwand sowie Realisierungsrisiko verbunden. Sie sind deshalb
in erster Linie für die potenzielle und strategische Krisenphase geeignet,
bieten dann aber auch die Chance einer grundsätzlichen Neuausrichtung und damit einer nachhaltigen Krisenbewältigung.

7.3.3 Eignung von Innovationsarten bei unterschiedlichen Krisenursachen

Nach der Betrachtung der Innovationsarten in Bezug auf die Eignung
in unterschiedlichen Krisenphasen wird versucht, einen **Zusammenhang zwischen Innovationsarten und den unterschiedlichen Kategorien von Krisenursachen** abzuleiten. Bei den Krisenursachen wird
die in Abschn. 2.2 bereits entwickelte Kategorisierung aufgegriffen:

- Interne, unternehmensindividuelle Krisenursachen,
- Externe, unternehmensindividuelle Krisenursachen,
- Externe, globale Krisenursachen durch (kurzfristige) Störungen,
- Externe, globale Krisenursachen durch langfristige Entwicklungen.

Da auch innerhalb dieser Kategorien wiederum ganz unterschiedliche konkrete Krisenursachen auftreten können, ist eine eindeutige Zuordnung von Innovationsarten zu den Krisenursachen-Kategorien schwierig. In Abb. 7.3 werden deshalb exemplarische Zuordnungen getroffen, die verdeutlichen sollen, wie bestimmte Innovationsarten bei den einzelnen Krisenursachentypen zur Wirkung kommen können. Auf die Einbindung von Geschäftsmodell-Innovationen wird in der Abbildung verzichtet, da Geschäftsmodell-Innovationen letztendlich auf Kombinationen der anderen Innovationsarten zurückzuführen sind. Bei den unternehmensindividuellen Krisenursachen werden externe und interne Ursachen zusammengefasst, da sich hier kaum grundsätzliche Unterschiede in der Zuordnung herleiten lassen.

Bei **individuellen Krisenursachen** liegen vielfältige innovationsbasierte Krisenbewältigungsansätze in Abhängigkeit von der konkreten Problematik vor, von denen in der Abbildung eine Auswahl dargestellt wird. Betrachtet man die globalen Krisenursachentypen, lassen sich bestimmte Muster der Innovationstätigkeit erkennen. So finden sich bei

Innovationsobjekte / Krisenursachen	Produktinnovationen	Prozess- und Verfahrensinnovationen	Struktur- und organisatorische Innovationen	Arbeitsorganisatorische und soziale Innovationen	Marketing- und kundenbezogene Innovationen
Interne und externe unternehmensindividuelle Ursachen	Ersatz nicht wettbewerbsfähiger Produkte durch neue Produkte	Ablösung veralteter Produktionsverfahren und Technologien	Neuausrichtung einer ineffizienten Organisationstionsstruktur	Verbesserung Betriebsklima durch faire und transparente Anreizsysteme	Gezielte Aktivierung neuer Kundengruppen durch Social Media
Externe, globale Ursachen (kurzfristige Störungen)	Risikoreduzierung durch differenziertes Produktportfolio	Stabilisierung von Produktions-/Logistikprozessen (Resilienz)	Agile Projektmanagementmethoden, ereignisbasiertes Forecasting	Flexibilisierung Arbeitsorganisation/Arbeitszeiten, mobiles Arbeiten	Situationsorientierte Neuausrichtung der Vertriebskanäle
Externe, globale Ursachen (langfristige Entwicklung)	Entwicklung nachhaltiger Produkte und Serviceangebote	Energieeffiziente Produktionsverfahren; digitale Transformation	Unternehmensübergreifende Kooperationen (z.B. Entwicklung)	Neue Arbeitsmodelle zur Vereinbarkeit von Beruf und Familie	Entwicklung eines kundenspezifischen Multi-ChannelVertriebs

Abb. 7.3 Exemplarische Zusammenhänge zwischen Innovationsarten und Krisenursachen

globalen Krisenursachen, die auf eher **kurzfristige Störungen** zurückgehen (z. B. Pandemien, Cyber-Angriffe, politische und kriegerische Konflikte, Störungen der Lieferwege) in erster Linie Innovationsansätze, die in Richtung Erweiterung des Produkt- und Dienstleistungsangebots, Stabilisierung von Prozessen und Verbesserung der Resilienz (z. B. auch durch Einsatz alternativer Ressourcen), flexible Anpassung von Prozessen und Organisationen mit Unterstützung durch agile Projektmanagementmethoden, alternative Ansätze zur Arbeitsorganisation und zu Arbeitszeiten sowie Neuausrichtung der Vertriebskanäle gehen. Insofern wirkt dieser Krisentyp sogar innovationsfördernd, da die Unternehmen gezwungen werden, die nicht mehr wie bisher funktionierenden Prozesse neu auszurichten (vgl. Heller-Herold & Link, 2021, S. 28). So ergab eine Untersuchung der KfW, dass mittelständische Unternehmen aufgrund der Corona-Krise verstärkt mit innovativen Konzepten reagiert haben; in erster Linie handelte es sich um Veränderungen der Vertriebswege (z. B. Online-Versand), die Bereitstellung neuer Dienstleistungen und Produkte und die Realisierung neuer Geschäftsmodelle (vgl. Zimmermann, 2020). Im weiteren Verlauf der Corona-Krise wurde in der Untersuchung allerdings festgestellt, dass dieser Innovationsschub nur von einem Teil der Unternehmen, insbesondere größeren und ohnehin forschungsstarken Unternehmen, beibehalten wurde, während andere mittelständische Unternehmen eher eine rückläufige Innovationstätigkeit aufweisen (vgl. Zimmermann, 2022). Neben der Anpassung an veränderte Marktbedingungen steht für die Unternehmen vor allem die Stärkung der Resilienz im Vordergrund; diese Resilienz reicht dabei von einer Technologie- und Produktunabhängigkeit über resiliente Geschäftsprozesse und Versorgungsstrukturen bis hin zur Stärkung der Resilienz der Mitarbeiter und der Verfügbarkeit geeigneter Arbeitskräfte.

Bei **globalen Krisenursachen,** die auf eher **langfristige, absehbare Entwicklungen** zurückgehen, lassen sich ebenfalls aktuelle Themenschwerpunkte für die einzelnen Innovationsarten erkennen, die sich weitestgehend schon in Abschn. 7.2 wiederfinden. Diese liegen in der Entwicklung nachhaltiger Produkte und Services sowie energieeffizienter Produktionsverfahren, der Fortführung der digitalen Transformation einschließlich einer kundenspezifischen Ausgestaltung der Vertriebskanäle sowie der Förderung von Gesundheit und sozialer Nachhaltigkeit. Die

Notwendigkeit der digitalen Transformation zur Krisenprävention und Krisenbewältigung ist bereits hinlänglich diskutiert worden (vgl. Dahm & Holst, 2019, S. 5 ff.). Derzeit finden sich zunehmend Hinweise auf die Bedeutung von Nachhaltigkeitsaspekten im Zusammenhang mit Krisenbewältigung und Restrukturierungs- und Sanierungsprojekten. So ist festzustellen, dass Kapitalgeber und andere Stakeholder ihre Aktivitäten bei der Rettung von Krisenunternehmen auch davon abhängig machen, ob in dem Geschäftsmodell des Unternehmens die **ESG-Nachhaltigkeitsanforderungen** (Environment, Social, Governance) hinreichend berücksichtigt sind (vgl. & Stein, 2022a, S. 109). Dies beinhaltet sowohl die Unterstützung und Förderung von Innovationen im Bereich der ökologischen Nachhaltigkeit wie auch von Innovationen mit sozialem Charakter. Ökologische Nachhaltigkeit findet sich in erster Linie in Produkt- und Verfahrensinnovationen wieder und beeinflusst auch die Marketing- und Vertriebskonzepte. Soziale Nachhaltigkeit, die überwiegend durch Sozialinnovationen und arbeitsorganisatorische Innovationen (z. B. neue Arbeitszeitmodelle) gefördert wird, bildet mittlerweile ein wesentliches Kriterium für die Arbeitgeberattraktivität und ist damit ein Schlüssel für die Gewinnung notwendiger Fachkräfte in den Unternehmen (vgl. Anderson et al., 2022, S. 30). Soziale Innovationen werden zusätzlich auch noch durch die aktuelle Gesetzgebung, wie das Führungspositionen-Gesetz oder das Entgelttransparenzgesetz, unterstützt (vgl. Krystek & Stein, 2022b, S. 159). Will ein Unternehmen nachhaltig eine Krisensituation überwinden oder einer krisenhaften Entwicklung vorbeugen, ist es somit essentiell, die Innovationsanstrengungen auf die genannten Schwerpunktthemen auszurichten.

7.4 Einbeziehung von Mitarbeitern und sonstigen Stakeholdern bei Innovationen in der Krise

Mittlerweile gehen viele Unternehmen dazu über, nicht nur interne Ideen und spezialisierte Abteilungen zu nutzen, um Innovationen weiterzuentwickeln („Closed Innovation"), sondern auch externe Ideen und Anregungen zur Innovationsentwicklung aufzugreifen. Dieser Ansatz wird als „**Open Innovation**" bezeichnet (vgl. Chesbrough, 2003, S. 24). Dabei werden wesentliche Stakeholder des Unternehmens, wie Kunden und Lieferanten, externe Kooperationspartner, Hochschulen, Forschungseinrichtungen und Innovationsnetzwerke in den Ideengenerierungsprozess eingebunden (vgl. Gaubinger, 2021, S. 195 f.). Gerade in Krisensituationen, bei denen die eigenen Ressourcen in Bezug auf Innovationen eingeschränkt sein können, kann die Nutzung externer Innovationsansätze hilfreich sein, indem z. B. eine Priorisierung von Innovationsprojekten, die aus Kundensicht mit einem hohen Nutzen verbunden sind und auch vom Kunden unterstützt werden, erfolgt (vgl. Postler & Schellinger, 2018, S. 165 f.).

Die Einbindung vorhandener Innovations-Kompetenz über die unternehmensinternen Innovations-Abteilungen hinaus ist auch auf die eigenen **Mitarbeiter** im Unternehmen übertragbar. Gerade in Krisenzeiten ist es von zentraler Bedeutung, die Mitarbeiter in den Innovationsprozess mit einzubeziehen und das vorhandene Kreativpotenzial zu nutzen (vgl. Pehlivan, 2023, S. 128). Die Mitarbeiter können auf der einen Seite Innovationsprozesse aktiv unterstützen, andererseits sind sie auch von den Auswirkungen von Innovationen betroffen. Innovationen können dabei zu unterschiedlichen, positiven und negativen Wirkungen auf Beschäftigung und Arbeitsbedingungen führen. So profitieren die Mitarbeiter von Prozessinnovationen, die die Arbeitsbedingungen verbessern (z. B. ergonomischere Arbeitsplätze, Job-Enrichment) oder von Produktinnovationen, die zu ökologisch nachhaltigeren Produkten und damit auch zu einer Reduzierung von Schad- oder Gefahrstoffen führen (vgl. Schwarz-Kocher et al., 2011, S. 30). Andererseits können technologische Innovationen aber auch durch eine zunehmende Automatisierung zu Arbeitsplatzverlusten führen, und organisatorische Veränderungen können mit einem erhöhten Leistungs- und Zeitdruck verbunden sein (vgl. Ziegler, 2010, S. 103).

Wenn Mitarbeiter und ihre Vertretungen sich in die **Gestaltung des Innovationsprozesses,** der von der Festlegung der Innovationsstrategie über die Entwicklung von Innovationsideen und die anschließende Bewertung und Auswahl bis hin zur konkreten Umsetzung von Innovationsprojekten läuft, mit einbringen wollen, besteht diesbezüglich eine

Vielzahl von Möglichkeiten der Beteiligung. Die Ansätze zur Einbindung der Mitarbeiter und ihrer Vertretungen in den jeweiligen Phasen sind aus Abb. 7.4 ersichtlich.

Die Krisensituation und die zugrunde liegenden Krisenursachen zwingen die Unternehmen dazu, ihre **Innovationsstrategie anzupassen bzw. eine krisenadäquate Innovationsstrategie zu entwickeln,** wobei die Spielräume mit zunehmendem Krisenfortschritt geringer werden. Aus Sicht der Mitarbeiter und des Betriebsrats ist dazu zunächst eine umfassende und zeitnahe Information durch das Management über den Krisenfortschritt und die Einbindung in die Krisenbewältigungsstrategie erforderlich. Innovationsimpulse aus der Belegschaft, die aus der

Festlegung bzw. Anpassung der Innovationsstrategie			
Information und aktive Einbindung des Betriebsrats im Strategie-prozess	Sammlung und Weitergabe von Innovations-impulsen aus der Belegschaft	Einbringung von Arbeitnehmer-interessen in die Innovations-strategie	Kommunikation der Innovations-strategie und Motivation der Belegschaft

Generierung und Entwicklung von Innovationsideen			
Verbesserung und Beschleunigung des betrieblichen Vorschlags-wesens	Mitgestaltung von Anreizsystemen für die Entwicklung von Innovations-ideen	Erlernen und Anwenden von Kreativitäts- und Ideenfindungs-techniken	Ausbau und Nutzung des Betriebsrats-Netzwerks zur Ideenfindung

Bewertung und Auswahl von Innovationsprojekten			
Erweiterung der Bewertungskrite-rien um arbeit-nehmerbezogene Aspekte	Unterstützung eines beschleunig-ten, integrierten Bewertungs-prozesses	Unterstützung von Mitarbeitern bei der Präsen-tation von Innovationsideen	Aktiver Einsatz des Betriebsrats bei der Auswahl von Innovations-projekten

Planung und Steuerung der Umsetzung von Innovationsprojekten			
Unterstützung einer schnellen Umsetzung sinn-voller Innovati-onsprojekte	Durchsetzung erforderlicher Qualifikations-maßnahmen für Mitarbeiter	Kontrolle von Projektfortschritt und Zieler-reichung aus Mitarbeitersicht	Kommunikation von Projektverlauf und Projekterfolg an die Mitarbeiter

Abb. 7.4 Einbindung von Mitarbeitervertretungen in den Innovationsprozess in der Krise (Eigene Abbildung, in Anlehnung an: Kriegesmann & Kley, 2012, S. 128 ff.; Postler & Schellinger, 2018, S. 166)

Kenntnis interner Schwachstellen oder wahrgenommenen Erfahrungen resultieren, können gesammelt, vom Betriebsrat in systematischer Form zusammengefasst und an das Management kommuniziert werden (vgl. Kriegesmann & Kley, 2012, S. 130). Bei der Festlegung der Innovationsstrategie steht der Betriebsrat vor der schwierigen Aufgabe, die Interessen der Arbeitnehmer im Hinblick auf Beschäftigung und Arbeitsbedingungen mit einzubringen, ohne dadurch den Krisenbewältigungsprozess zu blockieren oder zu gefährden. Liegt die Innovationsstrategie im Rahmen der Krisenbewältigung fest, sollte der Betriebsrat dazu beitragen, die Strategie gegenüber der Belegschaft zu kommunizieren, die Mitarbeiter zur Beteiligung und Unterstützung des Innovationsprozesses zu motivieren und vorliegende Ängste und Unsicherheiten zu reduzieren (vgl. Postler & Schellinger, 2018, S. 170).

Im nächsten Schritt müssen auf Basis der grundsätzlichen Innovationsstrategie zielführende **Innovationsideen generiert und entwickelt werden.** Der Betriebsrat kann hier seine Mitbestimmungsrechte hinsichtlich der Grundsätze und Gestaltung des betrieblichen Vorschlagswesens nutzen. Ebenso kann er bei der Gestaltung von Anreizsystemen für die Entwicklung von Innovationsideen mitwirken, z. B. in Form von Leistungsprämien oder Einfließen in die Zielbeurteilung (vgl. Kriegesmann & Kley, 2012, S. 131). Im Rahmen einer Krisenprävention können ausgewählte Mitglieder des Betriebsrats sich durch Weiterbildungsmaßnahmen mit Kreativitäts- und Ideenfindungstechniken beschäftigen (z. B. Ideenwettbewerbe, Ideenportale, Zukunftsworkshops) und dadurch die Ideenfindung durch die Mitarbeiter unterstützen (vgl. Gaubinger, 2021, S. 223). Weiterhin können Betriebsräte auch ihr vorhandenes Netzwerk (z. B. Betriebsratskollegen, Gewerkschaftsvertreter, arbeiternehmerorientierte Beratungsunternehmen) nutzen, um Innovationsideen zu finden und ihre eigenen Ideen einzuordnen.

In der Krisensituation ist eine zeitnahe **Bewertung und Auswahl von Innovationsprojekten** wichtig. Die konkrete Bewertung des Nutzens eine Innovationsprojekts kann aus Sicht des Betriebsrats um arbeitnehmerbezogene Bewertungskriterien, wie Beschäftigungswirkung und Veränderung der Arbeitsbedingungen, ergänzt werden (z. B. in Form einer Checkliste). Auch der Bewertungsprozess kann durch die Vereinfachung komplexer Bewertungsverfahren und Wirtschaftlichkeitsrechnungen und eine für die Mitarbeiterseite verständliche Darstellung beschleunigt werden. So kann der Betriebsrat z. B. Mitarbeiter, die Innovationsideen haben, dabei unterstützen, bereits während des Entwicklungsprozesses eine integrierte Bewertung ihrer Ideen hinsichtlich der Innovationsziele vorzunehmen. Weiterhin kann der Betriebsrat Mitarbeiter mit notwendigen Kontakten versorgen und bei der Präsentation ihrer Innovationsideen vor dem Management unterstützen (vgl. Kriegesmann & Kley, 2012, S. 131). Bei aus Arbeitnehmersicht bedeutsamen Innovationsprojekten kann sich der Betriebsrat aktiv für die Auswahl dieser Projekte einsetzen und gegebenenfalls die Gewährung von Zugeständnissen seitens der Mitarbeiter von der Projektumsetzung abhängig machen.

Ist die Entscheidung für ein Projekt gefallen, erfolgt die **Planung und Steuerung der Umsetzung des Innovationsprojekts.** Der Betriebsrat kann den Nutzen von Projekten durch seine Kontakte zu den Mitarbeitern transportieren und damit den Umsetzungsprozess beschleunigen. Er kann fordern bzw. sicherstellen, dass notwendige Qualifizierungsmaßnahmen im Rahmen der Umsetzung des Innovationsprojektes geplant und umgesetzt werden. Insbesondere bei hoher Dringlichkeit des Projekts ist eine regelmäßige Kontrolle des Projektfortschritts und der Zielerreichung durch den Betriebsrat sinnvoll, um sicherzustellen, dass die mit dem Projekt verbundenen mitarbeiterorientierten Zielsetzungen nicht ins Hintertreffen geraten. Im Rahmen der Krisenkommunikation des Betriebsrats können Projektverläufe und Projekterfolge an die Mitarbeiter berichtet werden, um Unsicherheiten zu beheben und die weitere Unterstützung der Innovationsstrategie durch die Belegschaft zu gewährleisten.

Eine erfolgreiche Einbindung von Mitarbeitern und ihrer Vertretungen in den Innovationsprozess ist von bestimmten **Voraussetzungen** abhängig, die im Idealfall bereits vor Eintritt einer Krisensituation vorliegen:

- Im Unternehmen existiert bereits eine **innovationsfördernde Unternehmenskultur,** die auf Vertrauen, Fehlertoleranz, kurzen Entscheidungswegen, offener Informationspolitik und Verfügbarkeit von Freiräumen für innovationsorientierte Mitarbeiter beruht (vgl. Vahs & Brem, 2015, S. 210 f.),

- Der Betriebsrat als Mitarbeitervertretung verfügt grundsätzlich über eine **positive Einstellung gegenüber Innovationen** und ist bereit, sich mit dieser komplexen Thematik auseinanderzusetzen, sie in sein Aufgabenfeld zu integrieren und gegebenenfalls auch neue Rollen, z. B. als Innovationspromotor, zu übernehmen (vgl. Kriegesmann & Kley, 2012, S. 117),
- Der Betriebsrat wird vom Management als **Partner bei der Gestaltung des Innovationsprozesses** akzeptiert und erhält die Freiräume, um sich mit der Thematik auseinanderzusetzen und notwendige Kompetenzen aufzubauen.

Moderne Innovationskonzepte betonen die Bedeutung der Schaffung einer **Innovationskultur** im Unternehmen für die Entwicklung neuer Geschäftsmodellinnovationen. So finden sich z. B. beim Business Model Navigator Hinweise zur Einbindung der Mitarbeiter in den Innovationsprozess. Danach hat es sich nach den vorliegenden Erkenntnissen bewährt, Mitarbeiter in den Wandel im Unternehmen einzubeziehen und aktiv an der Gestaltung neuer Prozesse und Aufgaben mitwirken zu lassen, da dies die Motivation und Innovationsbereitschaft der Mitarbeiter erhöht (vgl. Gassmann et al., 2021, S. 85 ff.). Macht- und Interessenskonflikte sollen offen adressiert und die Strategie „Betroffene zu Beteiligten machen" verfolgt werden. Im Rahmen eines Innovations-Teams sollten Mitarbeiter aus allen relevanten Unternehmensbereichen eingebunden werden, um möglichst viele Perspektiven der Geschäftsmodellinnovationen abdecken zu können (vgl. Gassmann et al., 2021, S. 85 ff.).

Diese Ansätze zeigen die Bedeutung der Beteiligung von Mitarbeitern und ihrer Vertretungen für die Entwicklung einer Innovationskultur im Unternehmen. Teamorientierung, Transparenz, Motivation und gemeinsames Arbeiten an innovativen Lösungen erweisen sich dabei als wichtige Erfolgsfaktoren. Gelingt es, eine solche Innovationskultur und ein entsprechendes Beteiligungsklima im Innovationsprozess zu schaffen, liegen die Voraussetzungen für Mitarbeiter und ihre Vertretungen vor, auch in Krisensituationen aktiv und erfolgreich am Innovationsprozess zu partizipieren.

Praxisbeispiel

Das **ZF-Werk in Saarbrücken** ist mit ca. 9000 Beschäftigten eines der größten Werke des ZF („Zahnradfabrik Friedrichshafen")-Konzerns; dieser ist im Bereich von **Systemen für die Mobilität von Personenkraftwagen und Nutzfahrzeugen sowie im Bereich Industrietechnik** aktiv. Im Werk Saarbrücken werden derzeit in erster Linie 8-Gang-Automatgetriebe für Fahrzeuge mit Verbrennungsmotor und Hybridantrieb hergestellt. Auch wenn aktuell die Auslastung des Unternehmens noch gut ist, lässt sich das Werk bezüglich der Krisenphase einer strategischen Krise zuordnen. So sieht sich das Werk damit konfrontiert, rechtzeitig und umfassend in die Elektromobilität einzusteigen und somit dem aktuellen Technologiewandel gerecht zu werden. Aus diesem Grund hat die Konzernleitung im Rahmen der Strategie „Next Generation Mobility" beschlossen, den Standort Saarbrücken in Richtung elektrischer Antriebssysteme umzubauen und den Standort zum „Leitstandort" für elektrische Antriebssysteme zu machen.

Das Transferpaket für die notwendige **Transformation** besteht aus drei Finanzierungs-Bausteinen unter Einbeziehung unterschiedlicher Stakeholder (vgl. Saarbrücker Zeitung, 07.11.2022):

- Hohe Investitionen des Konzerns,
- Finanzielle Förderung der saarländischen Landesregierung,
- Beteiligung der Mitarbeiter in Form einen standorteigenen Zukunftsfonds.

Die geplante Transformation stellt hohe Anforderungen an die **Innovationsfähigkeit** des Unternehmens. Die beabsichtigten Projekte betreffen die Gewinnung von neuen Produkten im Bereich der Elektromobilität und die weitere Positionierung des Werks als vielseitiger und kompetenter Systemlieferant. Vorhandene Kompetenzen, wie z. B. in der Verzahnungstechnologie, sollen gegebenenfalls auch auf andere Antriebskonzepte außerhalb des PKW-Bereichs übertragen werden. Somit geht es für das Werk in erster Linie um technologisch getriebene Produkt- und Verfahrensinnovationen und -anpassungen. Die geplanten Maßnahmen führen jedoch auch zu arbeitsorganisatorischen Veränderungen; so wird davon ausgegangen, dass die vorhandenen Schichtmodelle an die veränderte Auftragssituation angepasst werden müssen. Auf Konzernebene besteht die zusätzliche Anforderung, gegebenenfalls neue Kunden bzw. Märkte für Produkte außerhalb des bisherigen Branchenspektrums zu gewinnen (vgl. Saarbrücker Zeitung, 29.08.2022).

Auch der Betriebsrat hat die Notwendigkeit zur Transformation frühzeitig erkannt und sich bei Standortleitung und Konzern dafür eingesetzt, sich für diese Veränderungen neu aufzustellen. Ergebnis der Verhandlungen ist eine **Zukunftsvereinbarung,** die bis 2025 betriebsbedingte Kündigungen ausschließt. Ein wichtiger Baustein ist der bereits genannte

Zukunftsfonds, in den die Mitarbeiter durch Anpassung der Entgeltlinie Beiträge einzahlen und mit dessen Hilfe zukunftsträchtige und innovative Großprojekte für das Werk gewonnen werden sollen. Somit erweist sich in diesem Beispiel der Betriebsrat als ein wichtiger Mitgestalter im Veränderungs- und Innovationsprozess. Ein erfolgreicher Wandel im Unternehmen wird jedoch sehr stark von der Konkretisierung und Umsetzung der vorhandenen Ideen abhängen.

Literatur

Anderson, K., Sommer, C., & Fassino, G. (2022). Kann HR Nachhaltigkeit? *Personalmagazin, 02* (2022), 28–32.

Behrend, F., & Möllers, T. (2021). Erfolgsfaktoren von Insolvenzen, Sanierungen und Restrukturierungen. *Krisen-, Sanierungs- und Insolvenzberatung (KSI) 3*(2021), 132–137.

Bundesministerium für Bildung und Forschung (2022). Bundesbericht Forschung und Innovation 2022. https://www.bundesbericht-forschung-innovation.de. Zugegriffen: 1. Apr. 2023.

Bundesministerium für Bildung und Forschung (2023). Zukunftsstrategie Forschung und Innovation. www.bmbf.de/SharedDocs/Publikationen/de/bmbf/1/730650_Zukunftsstrategie_Forschung_und_Innovation.pdf?__blob=publicationFile&v=4. Zugegriffen: 10. Apr. 2023.

Chesbrough, H. W. (2003). *Open innovation: The new imperative for creating and profiting from technology*. Harvard Business School Press.

Dahm, M. H., & Holst, C. (2019). Digitale Transformation im B2B-Umfeld: Was verbirgt sich wirklich dahinter? *Krisen-, Sanierungs- und Insolvenzberatung (KSI) 1*(2019), 5–10.

Disselkamp, M. (2012). *Innovationsmanagement*. Springer Gabler.

Ernst, H. (2010). Management von Innovationen in der Krise. *Controlling & Management (ZfCM), Sonderheft 1*(2010), 22–23.

Exler, M., Situm, M., & Erharter, M. (2021): Krisenbewältigung durch Innovationsmanagement. *Krisen-, Sanierungs- und Insolvenzberatung (KSI) 4*(2021), 163–169.

Gassmann, O., Frankenberger, K., & Choudury, M. (2021). *Geschäftsmodelle entwickeln* (3. Aufl.). Hanser.

Gaubinger, K. (2021). *Hybrides Innovationsmanagement für den Mittelstand in einer VUCA-Welt*. Springer Gabler.

Heller-Herold, G., & Link, P. (2021). Corona-Krise zum Neustart des Geschäftsmodells nutzen. *Controller-Magazin, 6*(2021), 28–33.

Henke, A. (2021). Erfolgsmuster des Turnarounds. *Krisen-, Sanierungs- und Insolvenzberatung (KSI) 5*(2021), 213–218.

Kleemann, F. (2021): Innovationen in der Arbeitswelt. in: Blättel-Mink, B., Schulz-Schaeffer, I., Windeler, A. (Hrsg.), *Handbuch Innovationsforschung* (S. 546–560). Springer Gabler.

KPMG (Hrsg.). (2022). Future Readiness Index. https://kpmg.com/de/de/home/themen/2022/10/future-readiness-index.html. Zugegriffen: 10. Apr. 2023.

Kriegesmann, B., & Kley, T. (2012). *Mitbestimmung als Innovationstreiber.* Edition Sigma.

Krystek, U., & Stein, P. (2022a). ESG als Anforderungen an zukünftige Unternehmenssanierungen, Teil A: Sanierung neu denken: Sind derzeitige Sanierungskonzepte noch zukunftsfähig? *Krisen-, Sanierungs- und Insolvenzberatung (KSI) 3*(2022), 109–115.

Krystek, U., & Stein, P. (2022b). ESG als Anforderungen an zukünftige Unternehmenssanierungen, Teil B: Ziele, Inhalte und Implikationen von ESG-Anforderungen. *Krisen-, Sanierungs- und Insolvenzberatung (KSI) 4*(2022), 157–164.

Pehlivan, A. (2023). Krise als Innovationsbeschleuniger?! *Krisen-, Sanierungs- und Insolvenzberatung (KSI) 3*(2023), 128–129.

Postler, E., & Schellinger, J. (2018). Open Innovation in Krisen. In: Tokarski et al. (Hrsg.), *Strategische Organisation: Aktuelle Fragen der Organisationsgestaltung.* Springer Gabler.

Saarbrücker Zeitung (29.08.2022). ZF Saarbrücken steht vor großen Veränderungen – mit Folgen für Mitarbeiter. www.saarbruecker-zeitung.de/saarland/saar-wirtschaft/zf-saarbruecken-steht-vor-grossen-veraenderungen-mit-folgen-fuer-mitarbeiter_aid-75599503. Zugegriffen: 22. Mai 2023.

Schwarz-Kocher, M., Kirner, E., Dispan, J., Jäger, A., Richter, U., Seibold, B., & Weißfloch, U. (2011). *Interessenvertretungen im Innovationsprozess.* Edition Sigma.

Vahs, D., & Brem, A. (2015). *Innovationsmanagement: Von der Idee zur erfolgreichen Vermarktung.* Schäffer Poeschel.

Zimmermann, V. (2020). Mittelstand reagiert ideenreich auf die Corona-Krise. KfW-Research, Fokus Volkswirtschaft. https://www.kfw.de/PDF/Download-Center/Konzernthemen/Research/PDF-Dokumente-Fokus-Volkswirtschaft/Fokus-2020/Fokus-Nr.-291-Juni-2020-Ideen-Corona.pdf. Zugegriffen: 30. Aug. 2022.

Zimmermann, V. (2022). Corona-Krise belastet Innovationen, ambivalente Entwicklung bei der Digitalisierung. KfW-Research, Fokus Volkswirtschaft. https://backend.netzn.de/file/e7610b434539b12589b0d2d124d 48b98_1611300287.pdf. Zugegriffen: 30. Aug. 2022.

Ziegler, A. (2010). Welche Auswirkungen haben betriebliche Innovationen auf die Beschäftigten? *WSI-Mitteilungen, 2*(2010), 103–108.

Fazit

Zum Abschluss des vorliegenden Buchs sollen nochmals die Kernaussagen des einleitenden Kapitels aufgegriffen und als Grundlage für ein Fazit sowie einen Ausblick in die Zukunft herangezogen werden.

Krisenursachen werden vielfältiger

Unternehmen müssen sich verstärkt darauf einstellen, dass Krisen aus unterschiedlichen Richtungen drohen. Technologische und gesellschaftliche Veränderungen wie Digitalisierung und Nachhaltigkeit erfordern ständige Anpassungsprozesse, externe Störungen mit schwieriger Vorhersehbarkeit müssen antizipiert und entsprechende Vorkehrungen für den Fall des Eintretens getroffen werden. Zudem können jederzeit unternehmensinterne Fehlerquellen und Risiken zum Eintritt von Krisen führen. Da häufig interne und externe, globale und unternehmensindividuelle Krisenursachen gemeinsam auftreten, kommt einer differenzierten Ursachenanalyse eine hohe Bedeutung zu. Ein wichtiger Aspekt liegt dabei in der Eigenverantwortung der Unternehmen. Auch wenn viele Krisenursachen vermeintlich externer Natur sind und damit als wenig beeinflussbar erscheinen, so liegt es doch in der

© Der/die Herausgeber bzw. der/die Autor(en), exklusiv lizenziert an Springer Fachmedien Wiesbaden GmbH, ein Teil von Springer Nature 2023
M. Zell, *Erfolgreiches Krisenmanagement in Unternehmen*,
https://doi.org/10.1007/978-3-658-43208-9

Verantwortung der Unternehmen, mit diesen Krisen zu rechnen, das
Maß der Bedrohung zu analysieren, den Krisenursachen aktiv zu be-
gegnen und gegebenenfalls auch Chancen zu nutzen, die sich aus den
Veränderungsprozessen ergeben.

Krisenprävention und Resilienz gewinnen an Bedeutung

Viele Entwicklungen, die zu Krisen führen, zeichnen sich über
einen langen Zeitraum ab. Ist das Unternehmen in diesem Zeitraum
wirtschaftlich noch erfolgreich, besteht oft wenig Motivation, Vorkehrungen für drohende Krisen zu treffen. Hier ist es wichtig, technologische, gesellschaftsbezogene oder markt- bzw. kundenbezogene Veränderungen rechtzeitig zu beobachten, einzuschätzen und präventive
Maßnahmen zur Verhinderung von strategischen und operativen Krisen
zu treffen. Bei externen Störquellen, wie Kriege, Katastrophen oder Pandemien, die weniger konkret absehbar sind, aber häufig gravierende Bedrohungen auslösen können, sind Maßnahmen zur Sicherstellung der
Unternehmensfortführung und zur Verbesserung der Resilienz gegenüber den Störereignissen erforderlich.

Neue Konzepte zum Krisenmanagement sind nötig

Viele bekannte Krisenfälle der letzten Jahre haben gezeigt, dass „klassische" Restrukturierungsansätze, die im Wesentlichen auf Kostenein-
sparungen und Personalabbau fokussieren, in vielen Fällen nicht erfolgreich sind, wenn keine Neuausrichtung des Unternehmens erfolgt.
Häufig führt das dazu, dass die für die Restrukturierung erforderlichen
Kapitalbeiträge von Investoren und sonstigen Stakeholdern keine langfristige Wirkung zeigen, sondern verpuffen und die Krisensituation sich
erneut verschärft. Die Chancen für eine nachhaltige Restrukturierung
steigen deutlich, wenn das Unternehmen versucht, durch innovative
Ideen und Veränderungen der vorhandenen Geschäftsmodelle die Krise
zu überwinden oder die drohende Krisengefahr zu reduzieren. Da Innovationen und neue Geschäftsmodelle mit einem Realisierungsrisiko verbunden sind und ein Budget und eine gewisse Vorlaufzeit benötigen, ist

die frühzeitige Entwicklung entsprechender Strategien, sinnvollerweise bereits vor Eintritt einer operativen Krise, von Bedeutung.

Die Einbindung von Mitarbeitern und anderen Stakeholdern in den Krisenmanagementprozess ist wichtig

Eine Krise kann im Regelfall nicht alleine durch das Unternehmen bewältigt werden, sondern erfordert die Unterstützung durch die Stakeholder des Unternehmens. Für einen erfolgreichen Krisen-bewältigungsprozess sollte die Unterstützung über finanzielle Beiträge oder Zugeständnisse von Kapitalgebern, Gläubigern und Mitarbeitern hinausgehen. Kapitalgeber und Kunden können innovative Ansätze und neue Geschäftsmodelle unterstützen, um die damit verbundenen Chancen wahrnehmen zu können. Mitarbeiter sollten in Transformations- und Innovationsansätze eingebunden werden, um das vorhandene fachliche Potenzial und Know-how zu nutzen, die Motivation hinsichtlich der notwendigen Unterstützung des Unternehmens zu steigern und den Verlust von Leistungsträgern, insbesondere auch angesichts des derzeitigen Fachkräftemangels, zu verhindern.

Unternehmen, die die genannten Aspekte erkannt haben und im Krisenpräventions- sowie Krisenbewältigungsprozess berücksichtigen, haben erhöhte Chancen, drohende Krisenentwicklungen zu verhindern, externen Störeffekten besser zu begegnen und vorhandene Krisen erfolgreich zu bewältigen.

GPSR Compliance

The European Union's (EU) General Product Safety Regulation (GPSR) is a set of rules that requires consumer products to be safe and our obligations to ensure this.

If you have any concerns about our products, you can contact us on ProductSafety@springernature.com

In case Publisher is established outside the EU, the EU authorized representative is:

Springer Nature Customer Service Center GmbH
Europaplatz 3
69115 Heidelberg, Germany

The manufacturer's authorised representative in the EU is Springer
Nature Customer Service Centre GmbH, Europaplatz 3, 69115 Heidelberg,
Germany. If you have any concerns regarding our products, please
contact ProductSafety@springernature.com

Printed and bound by CPI Group (UK) Ltd, Croydon, CR0 4YY
28/04/2026
02098538-0007